[英国] 戴维 · 坎特 著　吴志杰　于涵 译

司法心理学

牛津通识读本 ·

Forensic Psychology

A Very Short Introduction

译林出版社

图书在版编目（CIP）数据

司法心理学 /（英）戴维·坎特（David Canter）著；
吴志杰，于涵译．—南京：译林出版社，2022.5
（牛津通识读本）
书名原文：Forensic Psychology: A Very Short Introduction
ISBN 978-7-5447-9056-7

Ⅰ.①司… Ⅱ.①戴… ②吴… ③于… Ⅲ.①司法心理学 Ⅳ.①D90-054

中国版本图书馆 CIP 数据核字（2022）第 009124 号

著作权合同登记号 图字：10-2016-181 号

司法心理学 ［英国］戴维·坎特 / 著 吴志杰 于 涵 / 译

责任编辑 许 丹
装帧设计 景秋萍
校 对 王 敏
责任印制 董 虎

原文出版 Oxford University Press, 2010
出版发行 译林出版社
地 址 南京市湖南路 1 号 A 楼
邮 箱 yilin@yilin.com
网 址 www.yilin.com
市场热线 025-86633278
排 版 南京展望文化发展有限公司
印 刷 江苏凤凰通达印刷有限公司
开 本 890 毫米 × 1260 毫米 1/32
印 张 9.25
插 页 4
版 次 2022 年 5 月第 1 版
印 次 2022 年 5 月第 1 次印刷
书 号 ISBN 978-7-5447-9056-7
定 价 39.00 元

序 言

马 皑

“牛津通识读本”《司法心理学》由当代欧洲司法心理学的重要领军人物戴维·坎特（David Canter）主笔，他用简练而清晰的笔触将多学科融合的司法心理学知识进行了素描，引领读者进入色彩斑斓的司法心理学万花筒。

对于中国读者而言，更熟悉的学科概念是犯罪心理学，而在欧美国家的学科体系中使用最普遍的概念是司法心理学。我们可以通过作者在第一章中对司法心理学进行的梳理来了解学科的渊源，并结合我国司法心理学发展的历史，获得更多的司法心理学知识。

本书中，坎特教授所说的司法心理学将心理学、刑事科学、法学融为一体，有交叉学科的性质。可以看出，本书所介绍的司法心理学已经狭义地被定义为刑事司法心理学，没有将民事司法心理学、行政司法心理学等内容涵盖进来，很重要的原因在于司法心理学发端于刑事诉讼领域，而且一百多年来在这个领域发展最好，对司法活动指导性最大，公众认知度最高，从事临床和专门研究的人才最多的都在刑事司法心理学领域，我们国家的情况也大体如此。那么，看似并无联系的心理学与司法活动是如何相互融合的呢？这就涉及司法心理学特别是其下位学科刑事司法心理学的缘起过程。在本书中，坎特教授介绍了学界公认的两个标志性起点：一是1908年雨果·闵斯特伯格出版了《在证人席上》，系统地将心理学的实验研究引入审判程序，他因此被尊称为“司法心理学之父”，我们将其称为理论探索的源头；二是1843年英国上议院制定的处理精神疾病患者作案案件的规则——“麦克诺顿法案”，我们称之为刑事司法心理学临床研究的开端。大家应该注意到，无论是雨果·闵斯特伯格，还是参与到为麦克诺顿法案辩护的精神病学家和心理学家，均没有司法和执法者的主体地位。他们用心理学及相关知识介入诉讼过程的目的是为了维护司法的公平公正，减少司法者仅凭主观经验而非科学原理审理案件导致的错误裁判，其作用与今天的律师类似。如果说刑事司法心理学最初的作用是为法庭提供服务，要明确这里的服务要做广义理解，它并非指配合法庭以证明被告人有罪，而是站在第三方的立场上用科学研究的成果说话，证明被告人有罪或无罪，辨析证人证言的真实或虚假，为法律提供服务。由此，今天我们所说的刑事司法心理学，也曾经被称为法庭心理学、法医心理学等。

刑事司法心理学的研究对象与刑事诉讼过程紧密联系，熟悉我国刑事诉讼程序的读者都知道在刑事诉讼过程中，不同的专门机关有不同的管辖与流程：公安机关负责立案和侦破案件；检察机关负责审核与起诉；法院负责审判；司法部门负责刑事执行。结合坎特教授在本书中的介绍，我们也就可以了解到司法心理学尤其是刑事司法心理学主要从事哪些理论研究与临床应用。解释为何人们会蓄谋犯罪；解释人们犯罪的方法和最终的目的——这两个主题涉及犯罪的原因，传统上属于犯罪心理学的研究范畴。如果从大的学科框架上认识，心理学对包括司法行为、犯罪行为等在内的法律行为的研究都归属法律心理学项下——法律心理学（legal psychology）是以心理学为主要理论和方法，研究法律运行过程中产生的各种法律行为中的心理现象，及其相互关系发生、发展与规律的整合性学科，是研究法律行为中心理现象的各门学科的统称。法律心理学整合体系的分支学科包括立法心理学、守法心理学、违法犯罪心理学（通称犯罪心理学）、司法与执法心理学（通称司法心理学）四个板块。就犯罪行为而言，现实中可以发生什么？犯罪心理学关心“为什么”——什么原因导致一个人选择用犯罪的方式满足个人需要？它们有何规律性特点？刑事司法心理学则关注“怎么办”，包括如何侦破、如何取证、如何审判、如何矫正、如何预防与控制犯罪等等。因此，广义的犯罪心理学包括了刑事司法心理学的部分内容；刑事司法心理学则必然涉及传统犯罪心理学的知识，不解决“为什么”的问题，该学科的研究与应用也就成了无源之水。针对“为什么”的问题，坎特教授除了介绍传统研究，比如生物视角、社会视角、心理视角和不同心理学流派的观点之外，在第二章的结论部分为我们所有人提供了两个正确认识罪犯的科学视角，这也是我们在日常生活中存在的认识误区。其一，罪犯不是人群中的另类，除了法律上有犯罪者的标签之外，大多数犯罪人和你我没有本质上的区别；其二，认识罪犯不应带着刻板印象，忽略犯罪行为及罪犯的多样性，认为“天下乌鸦一般黑”。

由于公众对犯罪的感知常常局限于恶性案件，尤其是在实践中所占比例不大却颇受影视青睐的变态杀人者之类，因此一说到犯罪都容易激活排斥性情绪，这不仅会影响服刑人员正常地回归社会，从宏观上减少犯罪，也不利于公众在日常生活中对自己也可能出现一般性违法行为的自我觉察：在大家的内心当中，都会有“我怎么可能犯罪”的自我社会赞许。

辅助案件侦破；辅助缉捕罪犯；为参观民事和刑事诉讼的成员提供指导；提供关于罪犯的专家证言：这是坎特教授在本书中介绍的第二个司法心理学研究板块。前两个内容他在第六章“参与执法”中进行归纳，向读者介绍了侦查心理学所涉及的内容。我国的司法心理学研究者最早接触坎特教授的论著属于犯罪心理画像（犯罪侧写）领域，他的《犯罪的影子：系列杀人犯的心理特征剖析》于2002年出版了中译本，我所组织翻译的《剑桥司法心理学手册》中他也担纲这方面的章节，在侦查心理学的理论与实战上堪称权威。第六章主要涉及的课题包括侦查思维，侦查人员如何分析案件；犯罪心理画像；证人证言可信性评估；测谎技术；审讯与询问；等等。这是广大青少年读者比较感兴趣的话题，也是影视当中着墨较多的桥段。司法心理学工作者亲身涉足这类司法活动并非易事，国内外都有门槛和身份问题。在此介绍我们国家司法工作者如何介入司法，以对坎特教授的介绍给予补充。

第一种情况是心理学工作者利用专业知识与技术服务于司法实践，这类被相关机构邀请的司法心理学工作者往往有专家证人的身份，但人数很少。第二种情况是司法、执法工作者利用心理学原理、方法解决工作中的问题，这是目前司法心理学领域的主导力量。以我们国家为例，法律、公安等相关专业的本科生，都要学习心理学、犯罪心理学、司法心理学等课程，我所在的中国政法大学有庞大的法律心理学课群，涉及十几门专业课程。学生在从事司法、执法等相关工作的过程中由于具有良好的司法心理学知识储备，能够自觉应用相关知识，着眼于提高办案效率和维护司法公平公正。第三种是心理学从业者以司法现象为对象开展的研究：针对特定人群如罪犯、被害人、证人；特定课题如心理测试技术、警察心理健康等；特定情境如监狱环境等。目的在于掌握个体与群体在不同情境中扮演不同角色时的心理规律，丰富心理学理论对人类的认识，并从完善理论基础的层面提升司法心理学的理论与应用价值。

第三章“庭审专家”和第四章“心理学与法律诉讼”主要介绍了司法心理学的临床研究，尤其是各种心理学评估工具的应用，将心理学已经获得的研究成果——理论、方法、原则、程序，作为司法心理学家之所以在司法中有用武之地的脚注。在坎特教授的介绍中，我们可以有这样一种体会：心理学家在实验室完成的理论成果，往往是对人本身或某类人的科学判断，它是对心理现象的规律性认识，具有从一般解释个别的价值。在诉讼环节中，司法心理学的各种工具与方法已经可以完成评估、预测、干预的规范化操作，并不断通过立法实现心理学与司法的融会，这也是我们中国司法心理学工作者今后的方向。

为监狱工作提供后续帮助，探索其他管理罪犯的方法，各种“治疗”手段和矫正方式等内容均涉及罪犯矫正，这些内容在第五章“与罪犯打交道”中进行了介绍。目前，罪犯矫正的理论与实践是我们中国司法心理学界从业者最多、成果最丰富的领域。

本书虽然是科普性读本，但在最后一章中坎特教授总结了司法心理学近几十年来突飞猛进的成就，也前瞻性地表达了全世界司法心理工作者对学科发展的构想。比如，如何走出传统的“重刑轻民”框架，在现实中更广泛的民事诉讼领域发挥作用；如何在学生培养中注入更多的科学素养和心理学知识，实现这门学科的人才储备；如何在研究变态者犯罪的同时，将更多的力量投入对日常越轨行为、违法行为、普通刑事案件的研究当中，提升学科的适用性；如何为社会提供更多的减少与预防犯罪的心理学方法；等等。

科普性书籍可以传播学科的一般性知识，让读者在了解的基础上产生兴趣甚至主动学习的动机。而把多学科知识融合，存在大量专业名词、幕后原理、应用方法的司法心理学用精练的语言向读者介绍清楚，是一件困难重重也难能可贵的事情。作为司法心理学界的大咖，戴维·坎特教授做到了，向他致敬！

目　录

致　谢

特别感谢我的文学顾问，鲁伯特·克鲁有限公司的多琳·蒙哥马利。本书的撰写过程中，她一如既往地支持我，事无巨细地帮助我，替我补上了所缺的至少一百个逗号和多个破折号。迈克尔·戴维斯总是乐于抽出时间，利用他作为司法心理学家的经验，确保本书的论述尽可能准确。然而，任何错漏，包括那些逗号，都是本人之责。

第一章

司法心理学的成就与挑战

谋杀、抢劫、纵火、诈骗、家暴、虐童、敲诈、强奸……各种各样的罪行在现实生活和文学创作中屡见不鲜。犯罪贯穿人类历史，甚至《圣经》开篇就提到了谋杀和诈骗。我们对犯罪过程以及司法程序满怀好奇，而其落脚点始终是试图理解并纠正个体的行为。因此，虽然经济学、政治学、社会法律研究、社会学等学科都对犯罪和犯罪行为做出了重要的解读，但各种犯罪行为的核心终究是人。他们或是实施犯罪的人，或是试图侦破案件的人、诉讼参与者、罪犯管理人员或给被害人提供援助的人。换句话说，刑事诉讼制度的各个环节都是有待研究的心理过程，而司法心理学的基础就是认清这些过程及其应用。

什么是司法心理学？

当我坐下来着手撰写这本通识读本时，我的书桌上有一大堆参考书籍，它们摞起来齐肩高，每本书都宣称探讨司法心理学，但每一本书的内容几乎都与其余著作没有交集。随便某个

话题，比如“犯罪心理画像”“精神病态”“甄别骗局”“性犯罪人
1 的矫治”“受虐妇女综合征”“暴力倾向风险评估”等，都是司法心理学的关注点。某个话题或许在某一本书中有着重要地位，但在另一本的索引里甚至都难觅踪迹。

因此，我从一开始就要说清楚。撰写这本通识读本就像试着击中移动的靶子。司法心理学今非昔比，它的发展日新月异。而且它就像一条变色龙一样，在不同的法律和社会文化背景下表现为不同的形式。在不同的体制中，司法心理学家的所作所为也存在明显的差异。司法心理学这些不断演变的、多样化的形式赋予了对心理学、犯罪学以及法学跨界互动的探索一种令人兴奋的活力。

虽然forensic一词最初的含义为“为法庭提供服务的”，但如今forensic psychology（司法心理学）则用来指代所有针对司法和犯罪过程的心理研究。它包括下列内容：

- 解释为何人们会蓄谋犯罪；
- 犯罪的手段；
- 辅助案件侦破；
- 协助缉捕罪犯；
- 为参与民事和刑事诉讼的人员提供指导；
- 提供关于罪犯的专家证言；
- 为监狱工作提供后续帮助；
- 探索其他管理罪犯的方式；
- 尤其是提供各种“治疗”手段和矫治方式。

“司法心理学家”这一术语指的是任何与警务工作或管理罪
2 犯工作相关的心理学家，他们或者为警察和监狱工作人员提供

支持，或者帮助他们减轻工作压力，甚至参与人员选拔和管理。

众多心理学讨论的问题是上述专业活动的基础，它们受益于植根于普通心理学的以下研究和探讨内容：

- 对不同类型的攻击行为和犯罪行为的心理基础做出解释；
- 研究行为决策，以及它与案件侦破过程的相关性；
- 研究记忆心理学，以及它在和证人或犯罪嫌疑人谈话中的影响；
- 从行为和社会视角考察法庭审判；
- 研究可信叙述的建构过程；
- 陪审团如何做出裁决；
- 开展风险评估，特别是再次犯罪的风险；
- 对各类风险的管理；
- 评估矫治的可行性和有效性；
- 脱瘾和戒酒治疗的科学性；
- 精神障碍对犯罪的影响；
- 导致人们中止犯罪的因素是什么。

因此，司法心理学在法律的各个方面以及犯罪和罪犯管理的每个环节中都有运用，它依靠专业实践，并遵从对人类行为和经验的科学临床研究所得的原理、理论以及方法。司法心理学因此还有一个强大的学术研究方向，主要关注犯罪心理学。所以从概念上而言，司法心理学处于犯罪学、司法精神病学、法学的交叉地带，并且它广泛借鉴其他学科，例如社会法律研究、人类地理学、临床心理学、发展心理学、社会心理学、心理测量学等。

对于那些完全不了解这一领域的人来说，有必要解释一下，精神病学是一种针对心理疾病的医学专业。一些心理学家将人 3

类行为和经验作为一门学科研究，他们往往不具备医师资格。有些心理学家则着眼于治疗精神失常的人，这些心理学家就是典型的“临床心理学家”，他们与精神病专家和其他心理健康专

图1　雨果·闵斯特伯格，早期司法心理学著作之一《在证人席上：心理学与犯罪论文集》（*On the Witness Stand: Essays on Psychology and Crime*）的作者

4

家合作。所以司法心理学家和司法精神病专家有明显的区别，后者本质上属于医务工作者，他们有开药的资质，而前者的主要贡献则体现在社会科学和行为科学方面。

外行最难理解的恐怕就是司法心理学与犯罪学的区别了。在美国，这两个学科的重叠之处比在英国还要大，这更容易让人混淆。“犯罪学”和“犯罪心理学”之类的术语的使用造成了更多的误解。

用最简单的话来说，犯罪学是研究**犯罪**（crime）的学科，它强调引起犯罪的社会因素、犯罪模式、各种犯罪的发展以及减少犯罪的途径。与之相比，司法心理学是研究**罪犯**（criminals）的学科。例如，虽然有时许多司法心理学家也会承认贫困程度是影响犯罪率的重要因素，但他们不会用犯罪学家的方法来研究贫困与犯罪的关系，反而直接关注为什么某些贫穷的人实施了犯罪而其他穷人没有。虽然犯罪率或其他有关犯罪的社会研究非常重要，但在这本书接下来的内容中，我们不会过度关注这些问题。

最后需要指出的区别是司法心理学和法庭科学之间的不同，后者从化学、毒理学、物理学、病理学以及其他自然科学中发展而来。虽然曾有不知道两者区别的律师要求我给强奸被害人进行体检，但像进行尸检或在血样中检测毒素一样，这个问题已经超出了我作为一个人类行为研究者的能力，这些都属于法医 5
病理学和法庭科学的研究范畴。

司法心理学从何而来？

自打心理学产生以来，它就被用于解释为什么会出现犯罪，以及提出管理罪犯和减少犯罪的方法。自古以来，犯罪在任何国家和社会中都难以杜绝，绝大多数减少犯罪的尝试都归于徒劳，这不仅表明犯罪是人类的本性，而且意味着我们对犯罪的理解是多么浅薄。

然而，在现代，丹尼尔·麦克诺顿一案被认为是心理学首次介入司法程序的标志。麦克诺顿被指控于1843年1月20日枪杀了爱德华·德拉蒙德。德拉蒙德实际上死于麦克诺顿击中他几天之后的一系列并发症，枪伤本身显然并不致命。这一案件的重要意义在于，根据报道，枪击者在他的辩护中这样说道：

> 我家乡的保守党人逼我这么做，无论我到哪里他们都跟踪我，迫害我，他们彻底摧毁了我内心的平和。

这句话被认为表明麦克诺顿患有被害妄想症，他原本企图杀害保守党领袖罗伯特·皮尔爵士，但错杀了皮尔的私人秘书德拉蒙德。

在1840年代，还没有明确的为精神错乱的被告进行辩护的行为，当时只有一种笼统的原则，即罪犯在犯罪时头脑清醒，并意识到其所作所为是错误的。这项原则被归纳为一个法律术语，即“犯罪意图”（*mens rea*），就是罪犯应当首先具有一定的清
6 醒的动机，之后才实施犯罪。如果某人精神错乱，他或她并不清楚其行为会导致犯罪，那么大多数文明的司法辖区倾向于对其进行治疗而不是惩罚。但当这一原则被用来证明丹尼尔·麦克诺顿“因精神错乱而无罪”之时，公众一片哗然，甚至连维多利亚女王本人也参与到反对当中。该案导致以精神错乱为由进行

图2 丹尼尔·麦克诺顿审判

辩护时，必须能够证明罪犯在实施犯罪之时，其“精神疾病”正在发作，以至于罪犯对其所作所为毫无意识或没有判断是非的能力，这一证明十分关键。后来，这些判断标准被称作“麦克诺顿法案”。

法律中提到的“精神问题”意味着某种医学上的疾病，好像人类的心智就像是五脏六腑一样的器官，能够被感染或发生病变。然而心智和大脑并不能简单地画上等号。脑部疾病各种各样，某个人可能患有其中一种疾病，但并不必然会让其丧失分辨是非的能力；也有许许多多的精神疾病，无法明确识别出其脑部 7
病症。因此，“精神疾病”诊断为大量准医学或非医学的检查方式打开大门，以决定犯罪嫌疑人是否可以为自己进行精神错乱辩护。

一些以实验室研究为基础的实验心理学家另辟蹊径，找到了以专家身份参与法庭的方式。他们借助感知和记忆的研究成果，能够对证人提供的有争议的证据和陈述做出评论。雨果·闵斯特伯格为佛兰德纺织工人进行辩护是其中一个先例。此案中客户投诉纺织厂提供的布料与预订的颜色不符，但闵斯特伯格最终证明这一分歧是人在不同光线下的视觉差异造成的。

人们认识到种种心理过程也是罪犯调查和法庭审理的一部分，它们必须得到仔细分析和妥善处理，这种认识缓慢发展，最终渗透到了犯罪学和法学的其他方面。心理学家越来越广泛借鉴各种理论和方法来为庭审作出贡献。跟随着闵斯特伯格和其他先驱，人们对记忆有了更深的理解，这为专家证言提供了依据，即有关证人可能记得什么或可能不记得什么的专家证言。研究教育经历或家庭关系的专家能够在儿童问题上给予意见，并在家庭法庭上给监护权的一系列问题提供指导。确实，一旦法庭采纳了心理学对法庭审理过程的贡献，那么任何一门应用心理学和理论心理学都值得借鉴，在罪犯管理和处理罪犯行为后果等方面提供帮助。因此，现如今，许多司法心理学家的活动已经远远超过了丹尼尔·麦克诺顿声称被保守党迫害一案引发的讨论范畴。

8

司法心理学用于何处？

一百多年以来，尽管心理学对法律的各个方面都作出了广泛的贡献，但医学理论仍是法庭审视被告人精神状态的主流方法。“受虐妇女综合征”“创伤后应激障碍”“强奸创伤综合征”等其他大量类医学术语都被用来描述和总结人类的行为与经历，至少部分目的是为了更容易被法庭接受。正如前文所述，难怪最初法庭上大多数关于精神状况的证言是由那些具备医师资格的专家给出的，即使他们借鉴了他人的心理评估结果。因此，在爱德华·德拉蒙德被射杀之后的一百年里，司法心理学在大多数司法管辖区没有很强的存在感。

但到了今天，司法心理学比那些假借医学名义进行的罪犯和罪犯行为研究覆盖面更广，这一点在它众多专业实践领域中可见一斑：协助调查及逮捕罪犯，帮助法庭审判及裁决，辅助对监狱和其他机构或社群中的犯人进行管理与改造——这些都与"什么导致犯罪"这一基本问题息息相关。因此我们将在第二章讨论这一核心问题。

心理学与法庭

心理学家在第二次世界大战期间发挥了巨大作用，心理学产业随之在美国兴起，自此，心理学在各行各业中均有广泛发展。在这种背景下，自20世纪中叶起，许多不具备医师资格的心理学家开始出具越来越多的关于被告人心理活动和人格的法律意见。
但医学方面的影响仍旧强势，至少在英国，一开始为法庭提供指 9
导的心理学家往往是研究精神病人的临床心理学家。司法心理学过去是临床心理学专业的一个方向，现在这一医学传统仍有较大影响力。

但当心理学家踏进法庭的大门之时，他们便能发挥极其多样的作用，不仅仅是说明罪犯的犯罪意图。法庭和其他管理罪犯的机构也越来越多地依靠心理学家对罪犯进行更全面的分析。心理学家可以帮助这些机构理解犯罪可能具有的影响，以及对罪犯最恰当的处遇方式。后来心理学家也参与到更多对罪犯危险性的直接评估，以及法庭感兴趣的其他心理学问题。

心理学的运用范围大大拓宽，直到现在，从证人证言的信度到陪审团成员的遴选，心理学家需要参与处理各种事务。而且许多心理学家已经摆脱了医学思维，也不直接参与任何将单个罪犯视为病人的项目。在某种程度上，美国法庭已经允许专家出庭做证，并开拓性地设立了独立顾问，这些举措让有关证人和陪审团的法律建议成为司法心理学在美国的主要方面。

本书第三章回顾了司法心理学家作为专家证人所做出的贡献，第四章则考察了心理学在庭审过程的各个环节中的深远影响。

心理学与司法矫治机构

早期关于罪犯精神状况的心理学判断往往以罪犯的心理评估和治疗为基础，这些罪犯被认为有精神疾病或人格障碍。因此，事实上五花八门的罪犯矫治机构才是司法心理学的摇篮。此类机构在英国被称为“特殊医院”，而在美国的名称略显委婉，叫作“矫治机构”。两者都隶属于监狱系统，但与其他监狱不同，它们的目的在于纠正某人的行为而不是惩罚。也有相当多的传统医疗机构把罪犯视为患者，并给他们提供帮助，比如脱瘾、控制攻击情绪或修复心理创伤。

心理学与服刑和缓刑

司法心理学在特殊医院和其他医疗机构中的应用渗透到了监狱工作里，并由此进入缓刑工作之中。一种专门应用于服刑和缓刑罪犯的心理学应运而生（美国通常称之为“矫治心理学”)，在20世纪后二十多年间成为一门独立学科。在一些拥有集中关押监狱的国家中，或有中央政府强力管控的监狱系统和缓刑综合服务组织的国家中，这种心理学发展势头迅猛，比如澳大利亚、英国、意大利等国。

过去十年间，针对服刑犯和缓刑犯的服务组织在上述国家和其他许多国家中飞速发展，这些组织也不像半个世纪以前那样只专注于智力和人格评估。它们如今能够对罪犯的方方面面做出报告，无论是在罪犯服刑初期帮助他们顺利度过牢狱生活，还是为假释委员会提供风险和其他有关事项评估，甚至在罪犯出狱后的各个阶段都能提供援助。但不是所有罪犯都愿意接受帮助，这很正常，因为他们会觉得精神病医生限制了他们的狱中自由。

除了对罪犯个人做出评估，在监狱中工作的心理学家也会借鉴行为科学的许多方面，包括评价监狱的各个项目和制度，进而以多样化方式协助组织变革和职员培训，以期减少再次犯罪。因此许多在监狱和缓刑组织中工作的心理学家更喜欢被称为“应用心理学家”而不是“司法心理学家”。

本书第五章将探讨心理学家如何围绕罪犯展开工作。

心理学与案件调查

司法心理学家最令人津津乐道的工作就是协助警方调查，这恐怕是因为人们需要大多数侦探小说中的“神探福尔摩斯”，而不是司法心理学家的实际工作有多么深入人心。人们对“犯罪心理画像师”存在一定误解，众多文学形象借此增色不少，犯罪小说把这些聪明但常常并不完美的虚构角色描写成能够窥探罪犯内心世界从而协助破案的人。小说里的犯罪几乎是千篇一律的连环杀人案,"心理画像师"则无所不能,对杀人犯的想法和感受了如指掌,这些洞见似乎仅仅基于犯罪现场和其他零星的线索便能信手拈来。

通常人们将我看作把犯罪心理画像引进英国的人,在他们看来显然是用包裹从弗吉尼亚联邦调查局带过去的,但每次记者让我对新闻上素未谋面的罪犯进行"心理画像"时,我都感到非常绝望。犯罪心理画像已经成了一盘大杂烩,传说和虚构成分结合起来哗众取宠,相当平凡的事实和真相却被掩藏起来。所以我每次不得不深吸一口气,尽可能保持风度地说:"你知道,犯罪心理画像并不是你在电视上看到的那样。"

诚然,一些罪犯行为的研究成果能够对未知罪犯的追踪有所帮助,但这和潜入罪犯的心理世界截然不同。犯罪心理画像更多地是广泛借鉴心理学成果,从而优化警方的决策过程,这在改善警方的询问技巧方面卓有成效,尤其是能帮助证人回忆更多细节。

倘若心理学能够对罪犯的性格特征做出某些有用的推测,这些推测则更可能是关于罪犯的潜伏地点以及如何在警方记录中找到罪犯信息。尽管这些是20世纪中叶出现的早期犯罪心理画像的成果,但它们比推断罪犯的心路历程更有价值。之后,主流的医学理论体系认为早期罪犯"心理画像"实际上是由一些对患有某些精神疾病的罪犯有特别好奇心的人开创的。虽然心理画像师的贡献经常被书写得颇具英雄主义色彩(有时由心理画像师自己书写),但针对性研究表明,这些"心理画像"对案件侦查几乎没有直接价值和现实意义。

正如本书第六章的深入探讨所展示的，我始终致力于将心理学家对案件侦查做出的贡献，和“心理画像师”的伪英雄行为区别开来。我用“侦查心理学”这一术语来区分心理学的这个领域。全世界众多警务机构紧随其后建立了侦查心理学部门，和早期罪犯“心理画像师”相比，这些部门能够为执法工作提供更大的帮助。

所以，即使司法心理学仍是一门新兴学科，它已经衍生出了众多分支。监狱心理学、侦查心理学、立法心理学以及临床心理学的司法分支，这些都逐渐成为独立的研究领域和应用领域。心理学已经在许多领域产生了深远的影响，最突出的贡献就在于改善警方询问技巧以及减少误判。此外，越来越多的证据表明，心理学能够帮助一些罪犯远离犯罪生活。

司法心理学的挑战

司法心理学可能是心理学所有分支中发展最快的领域之一，部分原因在于被传得神乎其神的犯罪心理画像，以及人们对犯罪行为和罪犯的强烈好奇。但在这种雨后春笋般发展的背后，一连串有关如何恰当开展该领域研究的巨大困难在所难免，司法心理学家在实践中面临的挑战也多种多样。与真正的罪犯、陪审团、目击者和警方人员打交道会受到各种法律和现实约束。有些案件真正存在危险，必须事先考虑并加以规避。因此许多司法心理学研究只能在人为（实验）条件下展开，尤其是关于目击证人的研究。在这些研究中，一些场景难免不够真实，比如向学生播放视频然后询问他们记住了什么。这样的研究在实验室之外的应用价值相当有限，因为它们以模拟的情境为基础，而且只能从有限的且无案件真实压力的人群中抽选受试者。

与服刑罪犯面对面打交道也有很多掣肘，因为监狱的环境非比寻常。在这种情境下开展研究，罪犯必定会与他们所习惯的社会环境割裂开来，就好比在一滴酒都沾不到的地方，或无法确定酗酒者自愿参与的程度有多强烈时，就很难帮他戒酒。实际上，有些政府不允许对服刑罪犯开展任何研究，认为被收押的罪犯不可能自愿给出知情同意。

另一个难题就是难以确定罪犯在研究来访或矫治过程中的话哪些是可信的。在大多数研究或治疗过程中，心理学家可以假设参与者愿意配合，开诚布公。他们可能不愿谈论某些话题，某些记忆也会让他们陷入迷惑甚至受到创伤，但不会预设他们会有意对自身信息或行为歪曲误导，或者撒谎。但与罪犯打交道时，从一开始就不得不做好这种预设。而心理学家有本事识破罪犯的误导与谎言，抓住事实，他们经常运用专门的问卷和其他手段来检测罪犯的话里有没有歪曲事实之处。

越来越多的心理学家不畏困难，锐意开拓，他们对罪犯以及执法人员和司法人员进行直接而公开的研究。这些研究揭示了犯罪行为何其复杂，而我们对犯罪背后心理过程的理解又何其浅薄。重中之重是罪犯千差万别，没有两个被判处相似罪名的罪犯是完全相同的，所以不存在对窃贼、杀人犯或恐怖分子等罪犯类型的单一标准化“心理画像”。罪犯自身也会随着时间推移而经历很大的心理变化，这些变化甚至可能由他们的犯罪经历导致，所以我们不能因为某个罪犯的行径是抢劫银行或强奸，就自认为我们对其心理了如指掌。

更加错综复杂的是，大多数罪犯会同时犯下多种罪行。在大众神话中，人们往往把系列犯罪与暴力犯罪联系在一起，特别是系列杀人案，但许多罪犯都会在活跃犯罪期实施多种类型的罪行。诚然，他们的诈骗、施暴、偷窃车辆或抢劫银行等罪行必定有主有次，但那些专门从事某一种犯罪的专一型罪犯是相对罕见的。也有一小部分罪犯令人关注，除了某一种罪行之外，他们的生活非常清白，但这种罪行可能重至谋杀。

围绕上述种种难题，司法心理学研究的核心障碍一次又一次地出现——清楚地界定到底什么才是犯罪。某些亚文化认可 15
的行为在另一种文化中可能是违法的，比如在许多国家，夫妻之间强迫发生性关系被认为可以接纳，但在其他国家则被视为强奸。因此，法律对侵犯行为的定义在心理学方面并非总是清晰明了，因而和罪犯交流的时候，心理学家需要认真研究他们到底做了什么，而不是他们被判处什么罪名。通常司法心理学家甚至希望能够将使一个人成为罪犯的罪名抛诸脑后，尽可能全面地审视他或她的生活习惯和个人处境。

在一些医疗机构中，罪犯往往被当作病患，对这些罪犯心理状况的直接研究表明，突破侦探小说对罪犯以及“犯罪动机”的描写是多么重要。小偷、抢劫犯、商业诈骗犯看起来好像是因为利欲熏心犯下罪行，但更深层的研究挖掘出了许多不一样的心理活动。比方说，为什么有的盗贼会在作案房间的床上大小便？为什么有的抢劫犯持枪而其他抢劫犯却没有携带武器？有的诈骗犯不能从其非法所得中攫取一丁点个人利益，那么他想要的又是什么？这些问题把我们的思路从僵化的“犯罪动机”（比如侦探小说中被嚼烂了的贪欲或复仇）中解放出来，而司法心理学家更精细的任务就是研究罪犯如何看待自己，以及如何看待他们在犯罪过程中所扮演的角色。

沟通不同的文化

随着司法心理学家从医学领域脱离出来，他们总结出了一套独特的审视人类的方式，这种思维方式与律师对待被辩护人的方式以及法官和警察对待被告和犯罪嫌疑人的方式截然不同。心理学家倾向于把诱发犯罪的原因归结于一些罪犯不能控制的因
16 素，比如基因结构、激素水平、家庭教养、社会经历等。这些因素中的哪一个都不会被当作导致某人误入歧途的主要原因。相反，法学将罪犯的责任视为首要因素，所以罪犯的犯罪意图是法律询问的焦点。

上述根本观点的差异在实际运用中表现为不同的罪犯评估方式。心理学家的观点以人的发展趋势为基础，从而总结人们在基本人格维度上的差异，或者将众多不同的个体归纳成几个“类型”或诊断类别。不同的是，法庭更关注罪犯个体，这也是合理的。他们围绕罪犯的行为和经历展开讨论，只有与案件直接相关的总结才会被法庭采纳。

有一个案例可以解释心理学研究方法和法律程序的区别。在这个案例中，我批驳了一位著名语言学家的观点。作为被告方辩护人，他声称其研究发现，被告在法庭上呈交的认罪书实际上是由许多人共同完成的，因此被告的罪名可以被当作警方的欲加之罪。我和其他心理学家对他的研究方法进行了深入研究，发现他利用的材料样本中有的是一个人写的，有的是许多人写的。我们的研究表明这位专家所使用的方法根本不具备任何可靠性。然而，我必须把这位语言学家研究方法的不足之处展

示给法庭，并表明从这些不严谨的研究中得来的关于本案的结论自然也是不可靠的。我们的已有成果使得进一步的具体证明在科学上毫无意义，而且完全可以预测，却必须在法庭上完成。

从不同角度看，心理学和法学这两个完全不同的领域交叉互动，才有了司法心理学的重大成就与核心难题。若能有效结合，它们便可以相互促进。任何一方都能使另一方摆脱自身专业局限性，最终结果就是相互丰富，共同发展。 17

第二章

怎样创造一个罪犯

罪犯们各不相同吗？

司法心理学的核心任务就是对犯罪行为做出详细的阐释，以这些阐释为基础，我们能确定怎样给罪犯定罪，是否可以以及怎样帮助他们避免再次犯罪，甚至从某种程度上“治疗”他们。假设存在某些可以使人成为罪犯的遗传因素，那么针对罪犯的定罪、惩罚以及治疗将紧紧围绕其性格特质。相反，倘若罪犯是由其生活环境塑造而成的，那么减少犯罪的举措会着眼于社会环境而不是单个罪犯。因此，纵然关于犯罪原因的种种讨论略显抽象，但它们能够并且的确对警方侦查案件以及管理罪犯的工作产生了直接影响。

这些讨论的核心问题就是，罪犯是否和没有犯罪的普通人存在一些根本方面的差异。在人类的发展过程之中，是否有某
18 些因素将这两种人区分开呢？为了探讨这一问题，请思考一下：如果要你创造一个罪犯，你会怎么做？

生物学分析

现在假设你是弗兰肯斯坦那样的疯狂博士，承担着一个制造罪犯的任务，那么你需要什么来完成这项任务呢？是某些特别的身体部位吗？你会不会和近一个世纪以前的那些古板的学者们想法一致，想要大猩猩一样长的胳膊？或者按照19世纪意大利著名犯罪学家切萨雷·龙勃罗梭的原则，做一个特别的脑袋，给它安上“尖尖的耳朵，浓密的头发，稀疏的胡须，宽大的下巴，又方又高又大的颧骨”怎么样？你可能还需要尽可能让你制造的罪犯低于或高于平均身高，并比一般人更胖或更瘦，这是维多利亚时期的主流观点。按照这些标准，你制造的罪犯必须是鸡胸，弯腰驼背，溜肩，还是个扁平足。（因为大多数罪犯都是男性，所以为了表述更加简洁，接下来我会用“他”来代指罪犯，但在探讨女性罪犯时会有专门表述。）

要是难以接受这种把人拆成器官的方式，那么你可以像许多高科技公司一样，找一个普通人的身体，然后调整一下他的激素水平和基因结构，以及其他生理机制，就可以制造出一个罪犯了。许多专家认为犯罪行为是某些脑部疾病或轻微脑损伤的结果，有可能是后天经历的横祸导致的，也有可能是先天的障碍。举个例子，最新调查结果表明，亨利八世曾是一位温和的君王，和他的王后和平相处，但他于一次骑士比武（两名欧洲骑士骑着马用长矛互刺）中发生意外，昏迷不醒两个小时后就变成了一个暴君，像扔旧衣服一样不停抛弃自己的后宫。研究称此次事故造成的脑损伤改变了他的人格，使他变得暴虐残忍。

假设罪犯神经系统的某些问题是其实施强奸或谋杀的原

20　图3　龙勃罗梭《罪犯类型图集》(*Atlas of Criminal Types*, 1871) 中的插图

因，那么给罪犯进行检测就能够找到这些问题。此类检测最起码会询问罪犯是否在童年时期受过伤，尤其是脑部创伤；或者对罪犯进行头部扫描和其他类似的脑功能检查。这种思路的一些拥趸甚至认为，对人们的大脑进行研究，可以在潜在罪犯犯罪之前将他们识别出来。

一些研究者在生物学的道路上走得更远，他们认为有某些根深蒂固的成分构成了罪犯的基因，反映在多出一条Y染色体这样的特征上。也有人认为激素失调是导致犯罪的原因，流行观点把种种罪行归咎于睾酮这种特别的雄性激素。另外，使得学习效率低下的神经系统也被当作犯罪的又一原因，即罪犯对奖励和惩罚反应迟钝，所以他们不能像守法公民一样把社会认可的行为规范内化吸收。

以上观点的核心假设是，某些真实存在的生理和（或）精神结构使人成为罪犯。这是19世纪晚期的主流观念，当时达尔文的进化论撼动了整个科学界，成为能够解释一切问题的灵丹妙药。基于对进化过程相当粗浅的认识，当时学术界普遍认为，就本质而言，罪犯是未能高级进化的人类。这就是为什么长长的四肢、凸出的下巴，还有其他返祖现象的特征被看作罪犯的明显标志。当时大多数论著指出，罪犯和儿童以及“野蛮人”有诸多相同之处，这进一步表明了他们是不完全进化的人类。

这些声音现在并没有销声匿迹，它们反而被冠以更高深的名称，并将基本理论隐藏在了生物基因学和人类行为的进化学说之下，但很多对犯罪原因的探讨都存在这样一种固有观念，即罪犯和其他人有着明显的生理区别。一些专家的思想更为极端，他们认为强奸和谋杀等罪行就是男性进化起源的一部分（可 21

能不存在于女性之中），因此人类基因组与生俱来就带有犯罪的劣根。

这种说法的言外之意似乎是，从进化的角度来看，种种可怕的罪行给人类的“求生之战”带来了优势。因为在人类进化早期，男性做出这些行为才更有可能生存交配，而这些基因保留在了后代身上，因此犯罪行为才在现代男性中延续下来。但是这种观点并没有真正解释清楚，为什么不是所有男性都是强奸犯或杀人犯。相较更讲道德的人而言，罪犯的动物本能可能更容易被唤醒，或者他们缺乏控制原始本能的能力。这种理论和龙勃罗梭把“窄额头”和“长胳膊”作为罪犯具有“野蛮人”本性的标志的理论没有太大差别。

人类所有的攻击性行为都能用这种伪进化论来解释。当受到袭击时，做好战斗准备的动物比只知道躲起来或逃跑的动物有更强的生存能力和繁衍后代的能力。而用龙勃罗梭那样的理论来说，攻击性越强的雄性动物越能够吸引雌性。因此，从足球赛场的肢体冲突到两次世界大战，所有的暴力行为都植根于人类的动物本能。

但这些普适理论也经不住推敲，它解释不了，球队也好，国家也好，为什么某些人或历史上的某些时期是非常友善和平的，但另一些人却崇尚暴力行径。如果暴力是人类基因的基本组成部分之一，为什么并非所有人在任何时期任何地点都会表现出这个特质呢？想要回答这个问题就必须承认，个人、群体乃至国家，必然有特殊因素促使他们释放或控制攻击本能。换句话说，就算进化论无懈可击，它也只能提供一些粗略笼统的背景，告诉我们人类何以为人。这就好比说，因为绝大多数罪犯有胳膊有腿，能走能跑能爬，所以他们才有能力犯罪。

最重要的问题是，什么因素会导致某些人利用人类共同的天性来实施犯罪？回答这一点必须把犯罪活动的根源放在既定人群中讨论，特别是一些集体、国家，或某个时代，而不能将其视为整个人类物种进化的产物。因此我们再回到之前的问题，罪犯是否真的和其他人不一样？

不可否认这样说有些愤世嫉俗，但生物学或进化论对犯罪行为的解释看起来更像是不同学科之间的一场话语权争夺战，这是信仰生物学的心理学家和精神科医生占领犯罪学“制高点”的一条路。他们会说：“把这个问题交给我们吧，我们知道答案。”这场席卷了众多学科的论争关乎谁能更好地洞悉犯罪行为的本质，但我们应该认识到，犯罪涉及人类的方方面面，没有任何一门学科可以垄断对它的解释权。

众多心理学家指出，罪犯和守法公民不同，但不应认为二者存在巨大的生理差异。可能有许多直接的个人因素导致一些人最终成为“少数派”的一分子。因此，或许你不必从零开始制 23
造罪犯，而是选择一个更容易的方法，通过检测生理和神经的组成，选出你心目中能够变成罪犯的人。你会寻找哪些人呢？倘若参考了对典型罪犯的一般性描述，你大概会选择那些低于平均智商，但性格冲动，神经过敏，又追求刺激的人。

采用解剖学、生物学或心理学的方法来制造罪犯时，你会遇到的困难是，你最终造出来的人很可能和守法公民相差无几。实际上，你参考的一些罪犯特征也是成为足球明星甚至政治家的基本素质。所以我们有必要从泛泛的罪犯特征中走出来，更加仔细地审视潜藏于犯罪行为背后的心理活动。

精神障碍

尽管进化论观点或许表明所有人都有可能犯罪，但仅有极少一部分变成了罪犯，这个现象着实令人困扰，而解决难题的途径之一，就是寻找一些机能失常的病例，这些人的机能出现了一定程度上的松垮、扭曲或紊乱。机能失常的根源可能存在于种种心理活动之中，因此，各种各样的精神障碍常常被用于研究并解释犯罪行为。

找到患有各种类型抑郁症、学习障碍，甚至是精神分裂症的罪犯并非难事。一项针对英国监狱中男性罪犯的研究发现，百分之三的罪犯患有严重的精神疾病；人们将他们简单粗暴地称为“疯子”——这些罪犯缺乏对现实的接触，比如有幻听、幻觉，或相信某种神秘力量控制着他们的生活。此外，还有一部分需要加以区分，这些罪犯的诊断更令人好奇，他们有“人格障碍”，更普遍地说就是“反社会人格障碍”。可见很多罪犯都有各种各样的精神问题，那么在研究他们的犯罪手段，以及确定这些罪犯被捉拿归案之后如何处置之时，他们的精神问题也必须考虑在内。然而，罪犯样本中存在精神问题患者的比例，是否高于罪犯占总人群的比例，仍在讨论之中。此外，到底是罪犯的精神问题驱使他们犯罪，还是监狱生活和服刑经历引起了他们的精神问题，这一点也难下定论。

许多问题悬而未决，所以我们还不能把精神障碍看作犯罪行为的诱因之一。纵使杀妻害子等极特殊的暴力行为或许与行凶者的抑郁情绪有关，但并非所有有抑郁情绪的人都会触犯法律。此外，尽管现在的媒体喜欢抓住杀人犯患有精神分裂症这一点来哗众取宠，但事实上绝大多数精神错乱的人伤害自己的可能性比伤害他人要高得多，不管他们是不是妄想症患者。即便有些研究发现精神分裂症患者（特别是有药物滥用习惯的），比其他未诊断出的人更有暴力倾向，但这一点也不容混淆。所有精神分裂症患者中犯过罪的人仍属极少数，我们对此也有同样的疑问：这些人的犯罪行为，尤其是暴力犯罪，究竟是由疾病直接引起的，还是他们对别人对待他们的方式所做出的反应。

患有学习障碍的人，天生比普通人更依赖于他人的引导和帮助。因此，如果这些人的家教和生活环境鼓励他们做出攻击性行为，那么他们便很可能实施犯罪。学习障碍是不是这类人犯罪的唯一原因也值得怀疑。

综上，罪犯患有精神障碍和精神障碍导致犯罪这二者之间 25
有着天壤之别。我们必须认真研究男性罪犯和女性罪犯中精神障碍的盛行，因为这为司法心理学家打开了一个新的领域来一显身手。和大部分人一样，精神障碍患者能够从各种治疗手段中受益，罪犯也是如此，他们需要得到帮助来解决自身的心理问题。他们的犯罪行为或许使解决他们的精神问题难上加难，但众多就职于司法机构的心理学家能够担此重任，为罪犯提供需要的帮助。

精神病态以及更多

许多罪犯对其犯罪行为心知肚明，也很清楚这些行为是违法的，但他们没有明显的精神问题。他们神志清醒，思维连贯，没有任何学习障碍和精神疾病的症状。他们当中的一些人表面上魅力非凡，初次见面会让人觉得非常聪明，彬彬有礼。他们没有幻听，不认为存在外界力量迫使他们犯罪。但是他们接连不断地虐待别人，也不因撒谎而后悔自责，他们的暴力行为不可预知，这些人似乎无法与他人建立长期稳定的人际关系。五花八门的犯罪对他们而言几乎是家常便饭。用心理学术语来讲，这类人可以被诊断为存在某种程度上的“人格障碍”。

从人类行为精神分析的角度来看，我们已经建立了完整的“人格障碍”体系，用以区分不同类型的人际交往困难。其中之一已经流传甚广，即“精神病态人格障碍”（psychopathic disorder）。这种叫法会产生混乱，因为“精神病态人格障碍”不是医学诊断，而是英格兰和威尔士法律体系中的一则法律术语，
26 它指的是“长期的精神错乱或障碍”，这一术语还没有从一个半世纪以前出现的麦克诺顿法案中走得太远。因此也有一些争论，关于人格障碍的哪一种精神病学诊断最贴近法律对“精神病态人格障碍”的定义，以及它们是否涉及现代精神病态者的概念。

好莱坞把精神病态者统统描绘为毫无怜悯之心的系列杀人犯，就像是吸血鬼德拉库拉和弗兰肯斯坦的怪物的结合体。从1920年代的默片，比如《卡里加里博士》，到近几年的《加州杀手》和《老无所依》，电影从来不会对剧中这些反英雄人物的行为做出任何心理学的深思，他们单纯以恶魔的形象出镜。其他更具有心理学意味的电影，比如《惊魂记》和《勾魂手》，虽然给罪犯的邪恶行径做出了“伪弗洛伊德”的解释，但仍将他们包装成异类，表面上不具威胁而内心深处歹毒至极。

除非你接触过那些看起来潇洒迷人、和蔼可亲，但犯下耸人听闻的罪行的人，否则你很难相信有这种好莱坞模式的精神病

图4　声名狼藉的金融家伯纳德·麦道夫是精神病态者吗？ 28

图5　抑或安东尼·霍普金斯扮演的汉尼拔·莱克特这个角色是更典型的
29 精神病态者？

态者。毫无疑问，他们当中有的人在一些场合下表现得很亲切明智，但一眨眼又会心生歹意。也有的人与他人没有任何交往，从小到大和周围的人争斗不休。为了给这些精神病态者加以区分，我们可以将他们分为Ⅰ型精神病态和Ⅱ型精神病态。前者外表魅力非凡，是精神病态的骗子，心狠手辣又手段高明。汤姆·雷普利是这类人的经典文学形象，他是帕特里西亚·海史密斯众多侦探小说的核心角色。Ⅱ型精神病态者是更容易分辨的罪犯，他们性情冲动，缺乏责任感，往往有少年犯罪和早期行 27
为问题。

还有一种叫作"反社会人格障碍"的标签，可以用来描述频繁实施无所顾忌且冷酷的违法行为的人，但它的含义比"精神病态"更广泛。然而我们必须明白，这些标签除了给上述罪犯做出概括性描述之外没有任何意义，它们不能帮我们弄清楚为什么有些人的行事方式如此令人无法接受。一些专家已经指出，这些标签实际上是披着医学名词外衣的道德判断。因此，即使"人格障碍"和"精神病态"等标签确实给那些难以相处的恶人做出了有用的描述，但我们仍须就他们是如何变成这个样子的来寻求其他解释。

精神障碍诊断与统计手册（DSM）和国际疾病诊断分类（ICD）

研究人员做了一些有价值的尝试，来对一些罪犯特有的各种各样的行为和想法做出准确的医学诊断，而这些诊断衍生出了可以描述有精神疾病的罪犯的标签。有两种主要的分类方式，一种叫作《精神障碍诊断与统计手册》，由美国心理学会定期制定并修改，最新版本为第四版修订版（DSM-Ⅳ-TR）；另一种是《疾病和有关健康问题的国际统计分类》中有关精神障碍的内容，简称《国际疾病诊断分类》，目前为第十版（ICD−10）。

这两种疾病分类体系被广泛借鉴，尤其是在司法程序中，但它们的编者都极力警告不要将它们用于庭审。即便如此，法庭还是利用了这两种体系，因为它们提供了一个框架，或者说提供了有用的简便称呼，以代表一个人的各种特征。其实，把个体匹
30 配到这些分类体系中就像把果冻钉在墙上一样，因为这些分类旨在解决有关人们人际交往和生活方式等复杂多变的问题，它们并不能鉴定特别的细菌或特定脑部区域的损伤。

成瘾和物质滥用

许多人认为，酒精、毒品或其他非法物质成瘾会导致犯罪。那么你是否能通过使人成瘾来制造罪犯呢？毋庸置疑，各种成瘾会影响罪犯的行为，发作之时，他们可能会变得更暴力更冲动。他们的行为对其自身来说可能不合逻辑，效率低下，比如有的罪犯抢劫商店，偏偏选择了小商铺而不是珠宝店。此外，持续性犯罪也有可能是脱瘾失败的结果。

想买成瘾物质就需要花钱，因此瘾君子们永远处于依赖毒品供应的状态，以至于一再犯罪来获得买药的钱。许多物质的非法性以及使用这些物质的非法性也是催生犯罪的温床，比如1930年代美国的酒精管制。因此交易和使用毒品会使人堕入犯罪。

但成瘾还是不能完全解释为什么人们会犯罪。许多人可以从正当途径获得购买成瘾物质的金钱，而且许多已经查实的罪

犯只有在通过犯罪获得足够支付药物的金钱时才会使用药物。

成瘾无疑是许多罪犯的重要生活方式。成瘾和精神障碍一样，为司法心理学家开辟了新的领域来改造罪犯。帮助男性罪犯和女性罪犯脱瘾是使他们摆脱犯罪生活的重要一步，但药物 31
成瘾本身并不是犯罪的根源，不过它可以与其他心理问题相辅相成，最终导致犯罪的发生。

心理学阐释

选择最具备罪犯潜质的人最行之有效的方法，或许是找一些不接受社会习俗的人。用通俗的话来说，我们想要的是一个没有多少道德良心的人，而用更专业的心理学术语来表述，则是该人的道德推理水平没有发展到成熟阶段。这种表述耐人寻味，它一定程度上向19世纪那种“罪犯与儿童和野蛮人类似”的观点退化，但它至少给出了一个详细的框架，以便探索罪犯的认知过程。它也开辟了一条研究道路，以探索被贴上“精神病态”这一标签的人的哪些方面导致了他们的犯罪行为。

这些研究由此成为研究犯罪行为的心理学理论家族的成员，这些理论认为犯罪行为植根于人们理解世界的方式。它们涉及个人精神生活的方方面面：

- 缺乏对各种行为后果，特别是对后果承担者的意识；
- 对犯罪行为进行狡辩，试图表明犯罪影响极小；
- 犯罪成功后自我价值感的提升；
- 理智地认定犯罪是一种低成本高收益的行为，所以理所应当地认为犯罪必有“回报”；
- 普遍不接受延迟满足；

32 • 缺乏欲望管控能力。

将这些理论整合到一起，便能轻松理解导致犯罪行为的三个心理阶段。

- 第一阶段是对情境的解读。这种解读可能是错误的，罪犯对他人的手势和言语产生误解，就像许多常见的暴力冲突前兆，比如“你看谁呢？”。这种解读也可能是对所处状况的合理准确理解，但罪犯认为在这种状况之下，犯罪是最合适的应对方式。
- 之后进入第二阶段，此时罪犯的情绪和习惯反应相互夹杂，共同导致犯罪。在罪犯眼里，窗户开着就是给他们入室盗窃提供机会；在酒吧中受到冷落也是他们施暴的原因之一；计划周密的银行抢劫也是在对可乘之机的反复讨论中诞生的。
- 最终阶段也是对犯罪后果的严重认识不足。

以上三个阶段中的每一个都强调个体的性格特征以及他们在不同情况中的典型反应——这就是心理学家所说的“人格”。众多研究者指出许多罪犯具有神经质外向型人格，但是在以上三个阶段里也有许多家庭教育和社会环境的因素。比如，要是一个人几乎没有尝过自身行为的苦果，那么他很可能不会过多关注其行为可能导致的后果。如果他在一个随时随地都会爆发冲突的环境中长大，那么他的行事原则可能就是直接动手而不是动口。

很有可能，某些性格特征并非犯罪天性，但更容易让人堕入犯罪。因此，即便某些人性格的某些方面毫无疑问会促使他
33 们变成罪犯，但这些方面往往只是他们的特征，比如有的人难以

应付学校或社会的人际关系。他们的难处也许是无法以守法公民的身份生存下去，因为他们各自的社会环境在诱导他们犯罪。所以，与其说谁是天生的恶魔，倒不如说一个人的内在特质和外部环境才是罪魁祸首。

社会学阐释

有人认为罪犯和普通人不一样，也有人认为任何人在特定环境下都可以成为罪犯，这两种观点形成了鲜明的对比。由此又产生了另一种观点，即犯罪的根源不在罪犯身上，而是在他们所处的环境之中。这与前文提到的生物学和医学理论有些许差异，它比从心理因素方面考虑犯罪原因的理论有所进步，但也碰到了与围绕单个罪犯展开讨论相同的问题。

在维多利亚时代，人们为了解决犯罪做过一次严谨而有价值的尝试。很多改革派举着“人生而平等”的基督教大旗，坚信犯罪是与其他罪犯交往过密的结果。这个观点在20世纪被称为“接触理论”，认为如果一个人在犯罪环境中成长，特别是家庭中有罪犯，那么他就会对犯罪习以为常，甚至学会犯罪技巧。由此看来，本书所讨论的一系列心理过程大体上都能在罪犯的原生家庭中找到根源，例如，父母未能教会孩子延迟满足，没有让孩子获得一点自尊心，只有欺骗或不计后果地违犯法律才被视为成功。这种生活方式可以由家庭教育和社会环境直接塑造而成，如果这种观念很早就灌输到一个人身上，它也可以导致特 34
定的人格特质，成为此人社会交往方式之中根深蒂固的一部分。这既可能是如何实施盗窃或其他财产性犯罪的知识，也可能是其他更微妙的学习过程，比如生活在一个行为异常的家庭中，每一位家庭成员只会用暴力来表达愤怒。

犯罪网络

很重要的一点是，我们必须认识到大多数犯罪活动并不是被某些神秘力量所驱使的个体行为，而是社会互动的产物。犯罪本身是罪犯与直接或间接被害人之间的一种社会交往，也是罪犯之间在分赃或出售非法所得之时的互动。因此，我们也许能在罪犯的社交方式以及他们的社会关系网中找到犯罪的根源。

一些维多利亚时期的改革者将上述社会交往看作一种传染病，所以解决犯罪的办法就是把罪犯和其他人隔离开。这种观点被应用于各种别出心裁的监狱设计，它们有独立的牢房，罪犯必须独自一人待在房间里，只有一本《圣经》聊以慰藉，根本不可能和其他罪犯进行交流，哪怕是在小教堂做礼拜。许多现代监狱沿袭了这种理念。在现代监狱中，罪犯可以同他人在一起“接触”，但仍然被严格控制。此外，许多精神病院也出于同样的目的采用“隔离”手段。

如果一个人在充斥着罪犯的团体环境中成长，那么他也很可能变成一个罪犯，这一点不存在争议，但人们还不清楚，究竟是个人经历的哪些方面导致了犯罪。难道只是有样学样而已？还是内心深处的变化改变了人们的情感和认知过程，以至于看
35 待世界、感知世界的方式也有所不同？有没有可能是因为这种全是罪犯的团体环境使人们的机遇变得少之又少——这种生活环境是否剥夺了他们获得良好教育和工作的机会呢？

罪犯也是人，他们不过是想应对一些困难的境地，这一观点把我们假想的弗兰肯斯坦博士带往彻底不同的方向。他不会费

尽全力去制造一个罪犯，而是创造一个犯罪家庭，并将这个家庭放在一个犯罪团体中。许多专家进一步指出，较大的社会贫富差距是导致犯罪的基础。照此来看，罪犯只是试着做出理性的选择，在机会有限的艰难处境中竭力生存。因此犯罪并非整个社会的产物，而与贫困和异化的综合影响有关，这或许就是贫困移民和受欺压的少数民族等的命运。

这些分析的问题在于，许许多多的人在贫民区、少数民族区或犯罪高发区中成长，但他们能够摆脱陷入犯罪的命运。一些心理学家用“保护性因素”来解释这一现象，“保护性因素”可以是家庭或朋友的支持，一个好老师，自己的聪明才智，以及特殊的体育、音乐、数学等技能，这些因素给他们提供了脱离犯罪人群的基础、框架和机遇。然而这些都证明了，社会环境并不是犯罪的唯一根源。

犯罪行为的多样性

现在不得不承认摆在我们假想中的弗兰肯斯坦博士面前的任务定义不清，任务要求制造一个罪犯，却没有要求罪犯应该犯什么罪。犯罪行为多种多样，显然它们的原因不可能只有一个。36
难道谋害几十名巴格达警员的自杀式爆炸案罪犯，与在巴黎百货商店盗窃精致头带的小女孩的心理过程如出一辙吗？一个年轻男子在和他疏远许久的妻子的车上纵火，竟与持枪抢劫珠宝店的罪犯有同样的基因或心理活动？要是把全世界对罪犯的**定义**都纳入犯罪行为，那么人类的大部分行为都是违法的。

换句话说，对犯罪行为的任何单一解释都必须先假设所有罪行有某种共同的心理因素基础，这有利于我们认识到不同的犯罪行为有不同的根源。此外，认真的读者会逐渐意识到，把犯罪归咎于某个单一的心理因素也是不合理的。

我们应当把广义的犯罪行为划分为多个子集，这样才能考察各种犯罪根源中可能存在的差异。毕竟，分门别类是任何科学探索的第一个步骤。没有对不同物种的清晰划分，就不会有进化论；没有对各种元素和元素周期表的明确划定，现代化学也不会迅猛发展。然而，划分犯罪行为比划分物种和化学成分要难得多，其复杂性存在于多个层面上。

首先，法律对犯罪的定义和犯罪涉及的心理过程没有太紧密的联系，这一问题前文略有提及。假设一个入室抢劫犯在屋
37 内纵火，以致住户死亡，这名罪犯必定会面临故意杀人罪的指控。但这个罪名是由纵火罪还是抢劫罪产生的呢？

第二个难点在于如何给背负多重罪名的罪犯进行分类。有个别的人在盛怒之下杀害了妻子，除此之外他的生活没有任何污点，这样的人必然会被定罪为杀人犯。但倘若此人之前就涉嫌抢劫、诈骗或纵火，我们又该怎样给他定罪呢？后一种情况实际上更为普遍。对在押犯人的各种研究发现，他们中的许多人都声称自己不是“真正”的罪犯。他们对罪犯是什么有一种刻板印象，认为那些抢银行的或在街头抢劫路人的才是罪犯。他们认为，诈骗自己供职的公司，或和女性强行发生性关系，这些行为固然违背法律，但并不是真正意义上的“犯罪”。

罪犯生活中可能发生的各种违法行为提出的问题有一个解决方案，即考察同一人倾向于犯哪些罪；换句话讲，就是在众多罪犯中研究各种犯罪行为重复出现的次数。尽管这种方法并不完美，它仍能为划分罪犯的不同种类提供整体框架。但只有犯罪行为从

广义角度有真实而明确的类型区分之时，这种方法才有意义。

许多研究探索了这个方法的可行性，进而引发了一场关于罪犯是否可以大体上分为“专家罪犯”和“普通罪犯”的讨论。目前的主流观点为，许多罪犯的犯罪技巧五花八门，特别是年轻罪犯，大部分有前科的人会再次实施盗窃或抢劫等行为。但在所有犯罪行为之外，的确有一部分罪犯有意识地避免暴力行为，也有一部分罪犯的攻击行为越来越多。

这给对不同罪犯清晰归类带来了第三个难点，即罪犯会改
变。少年盗窃团伙的某个成员可能会成为强奸犯或狡猾的诈骗 38
犯，这种发展过程通常被称为“犯罪生涯”，这不应与“职业罪犯”相混淆，后者仅以犯罪而谋生。但是，很少有罪犯能像在其他合法机构中那样获得非常明确的职业发展，比如从学徒出身，晋升到管理层，一步一步成为“大老板”。这样的发展的确有可能出现，特别是在许多有组织的犯罪中，比如《教父》等以此为题材的电影呈现的那样。但通常情况下，各种人生机遇和特殊经历会让犯罪的发展轨迹没有那么明显。

司法心理学家的好奇心通常集中在罪犯本身，而不是他们的罪名上。所以在研究一个罪犯的时候，与最近的侵害行为相比，挖掘他全部的犯罪历史更重要。这应该是给这个罪犯归类最棘手的地方。罪犯的犯罪记录中所有的犯罪行为有什么共性特征？这些特点有助于心理学家更深刻地理解这个罪犯。

对各种犯罪行为的本质进行深入研究才能解决这个问题。这个罪犯是准备进行冷酷且计划周密的复仇行动，还是为了得到一块劳力士或发泄性欲而一时冲动？这样的研究需要对犯罪过程和案发环境展开仔细的检查，如此心理学家才能渐渐走进

这个罪犯的内心世界。

心理学对暴力犯罪的解读

鉴于范围相当广泛的行为都可被视为犯罪，那么就很容易
39 理解为什么心理学家对更少见的极端犯罪行为更感兴趣，特别是与暴力行为和性行为相关的犯罪。针对这些攻击性罪犯，心理学阐释众说纷纭，各种介入矫治手段也越来越多。它们借鉴了前文回顾过的有关犯罪的整体观点，并和人类行为的解释、反应、结果紧密相关。

大多数对攻击性犯罪行为的心理学解释围绕着一个观点，即一些人不能恰当理解各种社会交往，或者缺乏管理人际交往的能力。正如心理学家所言，这些人难以“饰演他人的角色”，他们无法真正理解别人如何看待他们的世界，以及别人会对罪犯有什么样的反应。这样一来，他们会错误理解自身处境，并采用不合时宜的暴力方式作为回应。有一个极端的案例，一个男子认为某位女士已经同意与其发生性关系了，但事实上这位女士根本没有此意。男子可能进一步认为发生性关系是他的权利，或在遭到拒绝时恼羞成怒。他所知的解决怒气的唯一方式就是诉诸暴力。

但这只是由难以控制的剧烈情绪导致的攻击行为。通常还有的情况是，如果一个人的生活环境对暴力行为采取容忍甚至鼓励的态度，那么他处理沮丧情绪或屈辱心理的方式也是暴力。我们可以认定此人已经学会了用暴力方式来表达自己。这种习得可以进一步发展成所谓的“工具性学习”，也就是说，暴力是控制他人和获得渴望之物的工具，而不是单纯地表达愤怒或沮

丧。这些人都是精于算计的“粗野家伙”，他们终其一生都将对暴力的恐惧施加到别人身上。他们有的是把妻子打得服服帖帖的男人，也有的是十分冷血的抢劫犯，侵犯他人时满不在乎，只想夺取别人的财物。

这种“工具性学习”可以引发一系列暴力行为，在亲密关系之中最为明显，这些暴力行为被称作“家庭暴力”，这种称呼听 40
起来温和，但它没有一丝一毫“家”的感觉。它往往在二人已经建立起来的习惯性交往模式中产生，在这种模式里，感情关系中与权力和控制欲有关的内在冲突会升级为暴力行为。

也有其他情况，夫妻当中的一方（通常为男性，但并不绝对）或许已经习惯了用暴力方式来处理沮丧或嫉妒情绪。女性主义对这种现象做出了比较合理的解释，认为家庭暴力可被视作一种社会产物，因为大多数社会赋予男性一种偏见，他们深信男性生来就是男女关系中的主导方，理应占有优越地位。一旦出现任何对这种观点的挑战，男性就会按照自己的想法，通常采用暴力方式，迫使女性回到她们的本分位置上。人们研究了历史上不同地区的女性地位，也调查了现如今某些国家中的女性是如何被对待的，结果发现众多女性的境况令人怜悯，这些研究有力地支持了上述观点，并证明了其合理性。

情绪和犯罪

关于制造一个罪犯，我们不得不想点别的办法，单纯控制个体因素已经没有太大的意义了，无论是控制人类的生理构造、心理特征，还是家庭和社会。控制个体因素是社会学和生物学的立场，它们各自都想凭一己之力来揭露犯罪的根源。但社会对这个问题的看法很不一样，特别是法庭。它们简单粗暴地认为是罪犯咎由自取。结果，一股越来越强的反对社会学家的思潮在这种背景下兴起，试图发掘在犯罪经历中，到底是什么因素支
41 持并维系了罪犯的违法行为。通俗地讲，罪犯究竟能在违法行为当中获得什么？

我们或许认为犯罪的收益是显而易见的。罪犯想要钱财，想控制别人，他们的行为也有可能是一时冲动。在某些案例中这种情况确实存在。尽管如此，更深入的研究发现，很多时候这些目标没有达成，但罪犯仍会一次又一次地犯相同的罪。比如，每次盗窃只能获得少量钱财，更何况销赃过程中还会有一部分损失。暴力侵犯可能让更多的人疏远罪犯，而不能让他们甘愿受制于罪犯。一些攻击行为看似是一时冲动，但在类似情况下它们也会重复发生，以至于可以预测。因此，这些犯罪究竟在多大程度上属于非预谋行为也值得思考。

人们低估了罪犯在犯罪过程中的心理感受对于解释犯罪行为的价值。一些罪犯能从偷盗、诈骗或暴力行为中获得真实的兴奋感，这种情绪收益使他们深陷于犯罪生活。比如，对一些银行抢劫犯的询问发现，他们会专门找特别危险的地方实施犯罪，因为从这些地方逃出的感觉相当刺激。最新研究表明，即使是被意识形态目标驱使的恐怖分子也会受到实施有目的的破坏行为带来的兴奋感的驱动。

罪犯叙述

一些专家把上文的观点推进一步，认为许多罪犯在他们的个人生活故事中给自己和被害人设置了某种角色，也就是他们

的“内心叙述”——自己讲给自己听的关于自己的故事。这不仅包括人们对自我能力的认知，对他人评价的看法，而且包括一些令人迷惑不解的犯罪目的。有的罪犯把自己看作一个对抗黑 42
暗势力的悲情角色，有的罪犯认为他是某个敌人的受害者却无力反抗，也有许多抢劫犯和窃贼把自己标榜为踏上探索之路的冒险者，甚至是某项工作的专家。

这些叙述的关键在于，它们虽然难以理解，故事线也不够连贯，但它们是罪犯自己构建的。这表明我们的弗兰肯斯坦博士背负的是一个没有结果的任务。制造犯罪行为的不是任何外界力量，而是罪犯自己。

结　语

我们假想中的弗兰肯斯坦博士犯了两个基本错误。其一是将罪犯当作一类特殊人群，因此不难理解为什么有人会单纯从罪犯身上寻找犯罪的原因。其二是认为所有的罪犯都是相似的，但通过前文的讨论可知，犯罪行为是多种多样的，而且生理因素、心理因素以及社会因素会相互掺杂，逐渐强化罪犯的自我概念。这些因素与他们的世界观，以及各种合法和非法活动的机会息息相关。

有关犯罪行为原因的讨论通常过于简单，只对“天性”和“教养”做对比，这倒是很合辙押韵。然而，无论是人的生理构造（天性），还是成长经历和环境（教养），都不是孤立的现象。对一个人而言，许多方面的因素相互结合才会增加他们犯罪的风险，例如智力问题加上生理缺陷和冲动易怒的性格。这三方面或许会互相抵消，就像一个人由于某些原因具有很强的攻击性，

43 但同时智商极高，又擅于表现自己，这样的人能够引导自己避免沦为罪犯，而是成为勇于突破传统的富有创造力的人物。

社会环境的许多方面都可被看作“犯罪诱因”，比如对于身处贫困的人来说，和其他罪犯勾结在一起可能比在合法企业工作的收益更大。但也有一些因素有助于抵御社会环境的影响，比如儿童在一个温馨正直的家庭中可以得到有力的支持和妥善的教导。

天性因素和教养因素不可相互割裂，不管是它们各自的内部成分，还是多重内部成分相互结合后对外在表现的影响。弱势群体的儿童更容易受到生理创伤，所以他们很难有良好的在校表现。这会导致他们在学校出现破坏性行为，甚至被排斥，进一步导致他们步入犯罪的歧途，以寻求人生意义和某种自尊。但他们的内在能力可能会加剧或改善这种情况。他们的家庭可能有也可能没有资源来帮助他们摆脱这种恶性循环，或者赋予他们从事正规职业的机会。

生性追求刺激或脾气暴躁的人如果可以找到合适的机会，就能从事体育运动或探险活动。与此类似，这些能力出众的人一旦在贫困环境中长大，很可能将其特长转化为高效的犯罪手段，毕竟犯罪是最简单的选择。甚至某些社会环境中的人，由于侵害他人却毫无悔恨之情而被当作天生的“精神病态”，这些人也可以变成社会的中流砥柱，因为他们有能力利用聪明才智和人脉在商业中大展拳脚。

总而言之，我们必须意识到，要想创造一个罪犯，不能仅仅
44 专注于制造某种特别类型的人。我们要建立一个能够塑造罪犯的犯罪环境，这既包括家庭、社区，也包括广义的社会和文化背

景。和任何发明创造一样，我们也要弄清到底要制造哪种罪犯。制造一个生活清白但在某一天突然杀害妻子的杀人犯，和制造一个从十岁开始偷窃，最终在抢劫过程中杀害店主的少年犯截然不同。虽然这两个罪犯可能被关在同一间牢房里，但根据他们的自我看法，以及二人自发的内心叙述对各自犯罪行为的解释和指导，我们可以清楚体会此二人的区别。 45

第三章

庭审专家

庭审心理学

1996年8月，达里尔·阿特金斯和威廉·琼斯二人抢劫并枪杀了埃里克·内斯比特。琼斯指证是阿特金斯开的枪，因此，阿特金斯在美国弗吉尼亚州被判死刑。一位心理学家对其进行心理评估后，结果显示阿特金斯的智商为59。美国最高法院对阿特金斯一案的上诉做出回应，采纳其心理评估结果，认定阿特金斯患有“智力发育迟缓”（目前英国的通行术语为“学习障碍”）。最高法院裁定，对智力发育迟缓的人处以极刑违反《美国宪法第八修正案》，因为这样的惩罚是“残酷且离谱”的。

该案例不仅表明，心理学家对被告进行的心理评估具有相当重要的作用，而且揭示了心理学家出庭做证需要面临道德和职业上的双重挑战。无论专家证人是否同意判决结果，专家证言都可协助法庭做出判决。

何为专家证人？

人们对法律领域的关键术语向来争论不休，有鉴于此，“专家证言”意义几何，出席庭审的“专家证人”又须具备怎样的资 46
质？抛开大量判例法以及不同司法管辖区之间的巨大差异，究其本质，专家证人即可当庭提供法庭从其他渠道无法获取的专业知识或经验的庭审成员。与其他当庭证人相同，专家证人必须宣誓并遵守法庭程序，但得益于其“专家”地位，专家证人的权利不局限于阐述所知事实。在实际庭审中，目击证人以及品德证人等只能向法庭陈述他们所知的信息，而专家证人则可以对所见事实进行深层阐释，换言之，提出他们的观点。专家证人因其特权地位比目击者享有更大的威信，但这种威信依赖于专家的判断力，或许带有一定的主观性，因此须对专家证人的遴选以及可提出的观点建立严格的限制。

对专家证言的限制

专家证人不得议论诉讼流程，他们的观点必须出自其专业领域并受法律限制。这种限制源自诉讼的“终极问题”，或称“基本命题”。法庭无法回避该命题，它在刑事案件中通常表现为被告是否有罪。也有其他接近于此的形式，比如被告或某个关键证人是否在说谎。就一切情况而言，审判程序的核心目的就是为了解决具体问题，尽管专家证人可以协助法庭做出判决，但任何喧宾夺主的行为同样会受到惩罚。

此外，法律诉讼还须免受“偏见信息”的干扰，虽然其他法律专家无须应付这一难题，但它会对心理学提证造成影响。如 47

下实例，一位名为唐纳德的男子被控在一位女子的家中对该女子实施强奸并谋杀。他进行辩诉，声明他们是在双方同意的条件下发生性关系。至其离开被害人房间后，必有某入室窃贼破门而入，并在盗窃过程中实施杀害。唐纳德提请心理学家提出证言为其辩护，说明上述暴力侵犯行为与其性格特征严重不符。

首先，心理学家可以证实被告人从未呈现与上述侵犯行为相吻合的幻想以及其他人格特质。其次，唐纳德风流成性，经常与在夜店相识的女性愉快地发生性关系。在和心理学家的访谈过程中，他承认每周会以类似方式勾搭三四位女性。此外，他的犯罪记录中只有盗窃和诈骗，未有任何施暴历史。就此，心理学家发现他过去的几段经历具有高度一致性，从而证明唐纳德的人格中没有暴力倾向。

然而法庭对此类证据不予采纳。原因在于，一旦了解到唐纳德性生活混乱，且有既往犯罪记录，那么陪审团会对其产生负面印象。陪审团对唐纳德怀有偏见，便不会充分考虑案件事实。而在极少数有利于被告的价值大大超过偏见影响的案件中，类似上述证言或许会被采纳。

因此，司法心理学家的职责就是当庭提供建议，帮助陪审团做出符合客观事实的判断。在家事法庭[①]以及其他仅由法官做

出裁决的诉讼中，专家证人则可依据其专业领域直接提出观点，但不得偏离于此而对事实以及法庭的最终判决做出评论。

但在某些情况下，司法心理学家也可免受前文的法律约束。律师可向心理学家寻求指导以开展庭前准备，理解被告行为和

① 专门审理离婚、子女监护与抚养、领养、家庭暴力等与家庭关系相关法律诉讼的独立法庭。——译注

证词，甚至以恰当方式进行质证。比如，在某个案例中，被告是否为左利手是一条关键信息。一位心理学家研究发现，左利手并非单纯的排他性偏好，左利手人群也可能习惯用右脚踢球或以右眼为主视眼。代理律师可由此当庭提问，左利手是否具有所谓关键而明确的意义。无需任何专家证言，代理律师可以对踢球的惯用脚以及其他细节行为习惯直接提问。

若某诉讼过程不属于正式审判流程，如劳动法庭、缓刑听证、健康风险评估等，即使在法律框架下进行，专家证人宣誓做证，此时也可适当放宽对司法心理学专家的限制。在其他咨询过程中，司法心理学家也可协助律师了解审判流程，如陪审团如何做出裁决，但不可提供被告或目击证人的信息。综上，司法心理学家须扮演怎样的角色，很大程度上依赖于其参与的特定司法管辖范围和法律情形，以及他们所面临的具体法律问题。

法律环境的意义

司法心理学家面对的种种法律环境有一个重要区别，即从广义上讲，这个法律环境采用的诉讼制度是“对抗式”还是“权威式”（又称“纠问式”）。前者在英语国家中更常见，法庭上一场针锋相对的控辩大战在陪审团面前上演，陪审团则由随机抽选的当地公民组成。陪审团的关键在于，必须刻意选择没有任何法律知识和从事法律活动经验的普通民众作为陪审团成员，这是两种诉讼制度的主要区别。相反，“纠问式”则由一位或多位法官做出一切裁决。有时，他们主要根据当庭呈交的材料做出裁决，不进行过多的法庭辩论，而以美国对抗式诉讼为基础的好莱坞电影却对法庭辩论情有独钟。另外，在许多管辖范围中， 49

图6　出庭做证的专家

执法官也会对案件侦查进行监督。

在对抗式诉讼中，控辩双方都会专门传唤专家出庭做证（虽
50 然专家在法庭上只能提供建议）。专家证人从专业角度给陪审团提供证言，因此在某种程度上又要尽可能使其不那么专业，特别是在和“敌方”律师唇枪舌战的时候。当由普通公民组成的陪审团参与庭审时，法庭认为公众成员容易被专家的“花言巧语”蒙蔽，所以必须让他们远离任何具有直接影响的专家言论。在纠问式诉讼中，专家证人被赋予更大的权力，可针对案件的核心问题提供更直接的观点。人们相信，如果得到专家观点的是有权做出裁决的职业法官而不是外行组成的陪审团，那么法官会按照自己的意愿采纳或忽略专家观点。

即便在英国和其他以对抗式诉讼为主的法律环境中，也有许多采用纠问式诉讼的法庭，在这种法庭上，通常是法官、职业律师或经过训练并被特殊任命的地方执法官做出裁决，而不是随机组成的陪审团。这包括负责处理对低级法院判决结果提出上诉的高级法院，以及各种高级法律咨询机构，即“司法审查机构”。

其他庭审过程通常不由陪审团主导，而是由一位或多位经过训练的律师充当法官，特别是验尸官法庭（负责确定死因）和家事法庭（处理子女监护权以及父母探视等问题）。处理民事纠纷（如争议性遗嘱和金融债权）的法庭大多也采取纠问式诉讼制度。别的服从法律精神但没有正式罪犯的法庭，或由训练有素的律师或法官监督的民事法庭，往往也是纠问式的。这些法庭包括负责处理不公平解雇的就业法庭，或负责确定罪犯是否可以在服刑结束前提前出狱的假释委员会等。在上述法庭 51
中，司法心理学家都可以提供专家观点。

与专门法院和假释委员会相比，讨论特定案件的专家会议更加脱离庭审程序的完整仪式。这个会议可以评估罪犯伤害自己和他人的风险，或者他们成为合格家长的能力。在这些程序中，心理学家作为专家团队的成员，可以协助分析关键人物。他们会参与辩论，而无须像在法庭上那样经历呈上证据以及接受质证等程序。

在没有陪审团的法庭中，司法心理学家的角色更加重要，因为他们能就案件的核心问题向审判官等权威人员直接提供建议。心理学家面临着巨大的挑战，因为在大多数情况下，“控方”或“辩方”会试图支持或反驳专家的观点，但如果没有陪审团，专家也需要应对上述法庭环境中的偏见信息，以及回答法律终极问题的事项。前文已经讨论过，但在此处还要重申，由于判决者掌控绝对权威，一旦他们认定专家观点是无稽之谈，那么他们在一些案件中很可能忽略这些观点，但这种情况在陪审团身上是不会发生的。

司法心理学证据的基础

专家必须给法庭或类似诉讼程序提供不可能从其他途径得到的证据，这种证据的基础是什么呢？掌握心理学对犯罪的阐释只不过是提出有用证据的第一步，科学研究的方法才是现代心理学的基础，它为获取证据提供了最可靠的工具。

已故教授莱昂内尔·哈沃德曾为心理学如何运用于法律提
52 出了颇有见地而且十分有趣的早期论述。他是一位临床心理学家，身材高大，秃顶，戴着眼镜，衣着干净整洁。他爱讲冷笑话，有时还喜欢开点黄腔。他的外在特点非常符合专家证人的典型形象，但在温文尔雅的面容下，他对心理学家如何在法庭上做出贡献有着非常高深的开拓性见解。在他早期一部有关司法心理学家现实意义的重要著作中，哈沃德教授从他自己在证人席上的丰富经验出发，表明心理学家在司法过程中可以扮演许多不同的角色。

临床角色

哈沃德教授认为，司法心理学家的一个重要本职工作就是“临床职责”，这项职能基于心理学家在某些医疗结构中治疗患者（或者叫“来访者”）的工作经验，通常包括帮助患有心理疾病或精神障碍的人，提供有关精神错乱的心理学知识和律师们没有掌握的谈话技巧。哈沃德提供了他的案件簿中的这样一个案例，一名女子被指控盗窃一尊银奖杯，但她的一个男同事却主动认罪。作为这位男子的辩护人，哈沃德在同他的交谈中使用了和临床访谈类似的心理访谈方式，询问这尊奖杯对他有什么意义。这位男子在整个谈话过程中流露出对受控女子的爱慕之情，他想保护她免受牢狱之灾，不然她的一生就被毁了。最后，这位男子承认自己无罪。

在一些更常见的案例中，原告因故提出索赔，并要求心理学家对事故造成的负面影响提供证据，尤其是原告遭受的精神损 53
失。这对心理学家而言非常困难，因为原告的未偿索赔本身就有可能对其心理状态产生一定影响，原告可能因害怕索赔被驳回从而产生焦虑情绪甚至厌倦生活。面对这种情况，经验丰富的临床心理学家会参考类似的案例，运用谨慎的谈话策略，对原告进行一些特殊心理评估，并会借鉴许多相关著作，从而提供一份尽可能客观的报告。

心理评估

人们都知道，心理学家在很多场合下需要使用“心理测量”，也叫“心理测验”，这在评估来访者时尤为常见。测试阿特金斯的智商时使用了最流行的方法——“智力测验”，这种智力测评手段在所有心理学科中具有非常普遍的应用。除此之外，其他心理测量方式在司法过程中也具有很高的价值，包括各种对智力能力的测验，对受教育程度或认知能力的测验，以及其他专门鉴定脑部损伤的测验（如关于阿尔茨海默病的测验）。这些测验也可以衡量人格的各个方面——无论是人际交往风格，性格外向性，还是应激方式。

许多测验都会采用叫作“投射测验”的技术，该技术可以追溯到弗洛伊德的潜意识理论。这些测验由许多模棱两可的图像组成，测验对象需要解释这些图像的含义。其中最著名的是“罗夏墨迹测验”，一开始测验者会在纸上滴一些墨水，把纸折叠之后，就出现了一些完全对称的墨迹，测验对象需要对这块没有实际意义的图像做出描述。这种测验是从室内游戏Blotto发展而来的，这个游戏在一百年前风靡一时，它要求参与者给某个意义不清的图像下定义。还有一个常用的测验方法，叫作“主题统觉测验”（Thematic Apperception Test，TAT），该测验会展示给测验
54 对象一幅意义模糊的图片，比如一位年轻男子坐在床的一边，一位女子坐在另一边背对着他，测验对象要根据图片内容讲述一个故事。

与法庭审判有关的心理评估手段

人格评估

投射测验：

罗夏墨迹测验

主题统觉测验（TAT）

臧氏投射测验（一项有趣的测验，但如今应用不多）

客观测验：

明尼苏达多相人格测验（MMPI）第二版

米隆临床多轴测验（MCMI）第三版

人格评定量表（PAI）

智力与认知

韦氏成人智力量表（WAIS）第四版

连线测试A-B

鲁利亚-内布拉斯加神经生理成套测验（LNNB）

具体司法评估

结构化专业评估：

性暴力风险评估-20（SVR-20）

精神病态检表修订版（PCL-R）

历史-临床-风险管理量表（HCR-20）

青少年性犯罪评估书（J-SOAP）

性暴力风险评估书（RSVP）

精确性风险评估：

静态-2002/静态-99（作为风险指标的犯罪史）

暴力风险评估指南（VRAG）

诈病评估：

症状报告结构化访谈（SIRS）

记忆伪装测验（TOMM）

通过接受投射测验，测验对象的潜意识或内心深处的动机 55
和想法会在描述图像的过程中展露出来。心理学家也基于现代计算机技术设计出了一些详细的评分量表，来分析测验对象的反应。举一个简单的例子，如果某人用性和暴力来描述一张图片，那么可以认定这两方面在他的生活中意义重大；相反，如果一个人描述了对未来的展望，则认为他对生活的态度更加成熟，并具有一定的前瞻性。

此外，也有许多专门为罪犯设计的心理评估工具，其中最常见的是对罪犯在近期或今后出现其他犯罪行为或暴力犯罪的风险评估。有关罪犯许多其他方面的测验也有所运用，包括性偏好测验，以及罪犯对审判过程理解能力的测验。最常见的是衡量精神病态程度的检表，这个检表不需要测验对象亲自填写（原因显而易见，精神病态者很可能会说谎），而是心理学家直接同测验对象和其他与测验对象有人际关系的人谈话，根据谈话过程为检表上的各个题目打分。

心理测验标准化

这些心理测验手段的共同之处在于，它们是从已有的心理测量方法上发展出来的，人们通常将后者当成"标准化"的测验。此处不探讨学术细节，心理测验从本质上来讲，最初需要许多人完成测验——通常是几百人，有时有几千人。心理学家需要分析不同测验对象测验结果的关联性，也要分析测验结果与外部标准之间的关系。智力测验的发展过程是一个经典的例子。心理学家需要统计不同年龄段的儿童在参与智力测验时给
56 出正确答案的总数，从而可以把任意一个儿童与同年龄段其他儿童进行对比。为了更直观地表述被测儿童的测验得分，每个年龄组的平均分为100分，前文提到的阿特金斯的得分是59分，便远低于平均分。实际统计数据已经相当精确，只有不到百分之一的人智商低于或等于59分。

被测群体的得分分布被称为"常模"，心理测验需要将单人的得分与常模进行对比，这与那些在报刊中随随便便就能见到的调查问卷不一样，撰稿人可以给这些问卷随意打分并给出解释。心理测验与民意调查也有很大区别，后者只能调查特定群

体所持某一特定观点的数量，比如谁才是最好的总理人选。

各种心理测验不断发展，它们现在不仅有能力将个体的得分和常模进行对比，也正努力在测验分数和其他外部因素之间建立联系。比如，如果某人参与了一种智力测验，但其得分和实际受教育水平以及其他能力没有紧密的联系，那么这个智力测验就不具备学术价值。还有一个更极端的例子，如果在一项精神病态测验中，系列杀人犯的平均得分与没有犯罪的人相差无几，那么这项测验也不具备说服力。心理测验得分与外部因素的联系通常被称为测验的“效度”。

不同心理测验的常模在充分性和恰当性上有巨大的差异，因此它们的效度也不尽相同。尤其要注意到，这些常模可能在测验最初被设计出来的地区之外并不适用。某个在美国被承认 57
的精神病态指标，在印度、尼日利亚、俄罗斯等文化背景不同的国家中也许意义不大。心理测验只有在不同文化背景中被本地化和标准化之后，才具有一定的应用价值。此外，一些看似与犯罪密切相关的测验实际上也可能无法成立。对此有一个耐人寻味的解释，人们都认为罪犯的标志之一就是缺乏成熟的道德推论，但这在被证明之前只是一个假设。

虽然各种各样的心理测验受到了不少质疑，但它们确实为许多专家观点提供了现实基础，特别是因为法庭更愿意接受来自标准化测验的观点，而这些测验必须被大量专家所认可。心理测验也为描述一个人提供了标准框架，从而使得做出一份测验报告显然比重新搜寻有关的合适术语要容易得多。

明尼苏达多相人格测验（MMPI）是在法律中应用最为广泛的心理测验，特别是在美国。这项测验有许多衍生版本，标准的版本包括567个问题，需要一个小时到一个半小时来完成。这些问题包括以下陈述：

> 我能够全身心投入到生活中。
>
> 我经常有如鲠在喉的感觉。
>
> 我喜欢看侦探小说。
>
> 我偶尔会臆想一些坏得难以启齿的事。
>
> 我对我的性生活很满意。

测验对象需要根据自身实际情况用“是”或“否”回答以上问题。随后测验者会采用一个复杂而成熟的评分系统来分析答案，以便推断测验对象可能有的一系列问题，比如精神分裂症、疑病症、抑郁症，以及其他不遵守社会规则的病态心理。这项测
58 验可以衡量测验对象是否伪善或伪恶，也能检测测验对象是否说谎。然而，这项测验的效度不断受到质疑，正如测验者想尽各种办法来分辨测验对象的诚实度一样，不过或许是因为MMPI的广泛性和详细度，它的应用范围越来越大。

对心理测验的科学价值的挑战对于投射测验来说更为明显。问题是多种多样的。如果某项测验试图衡量测验对象的无意识层面，在测验中测验对象甚至自己都没有意识到，那么这项测验的合理外部标准又是什么呢？那些测验者宣称正在揭露的问题也许永远都不会显现出来，毕竟它们都是无意识的。

另一个更有争议性的问题是，如何确定测验对象回答的特征。这与所谓“可靠性”这一心理测量学的普遍问题密不可分，即在条件极其相似的不同场合下进行相同测验得到相同结果的

可能性。就像在主题统觉测验中讲述一个故事，或解释一块墨迹，一旦测验对象的回答是开放式的，那么不同测验对象（或同一测验对象在不同情境下）的回答很可能有不同方面的侧重。例如，测验对象描述一块墨迹的时候，测验人员到底应该关注提到的墨迹，不论回答中暗含运动或颜色等信息与否，还是重点理解测验对象回答的内容？在所有案例中，测试结果应当参照哪些人群样本来确定测验对象的反常程度？

尽管面临这些争议，罗夏墨迹测验仍然非常流行，并在法律的心理评估中被广泛运用。这一定程度上得益于美国心理学家约翰·艾科纳提出的方法。他声称基于计算机技术，可以对测验结果进行非常精确的分析，从而打破所有质疑。但这种方法也有一个弊端，即并非所有测验者都会遵循它，而法庭对由测验 59
人员工作疏忽所造成的后果并不知情。出于这些原因，罗夏墨迹测验的效度仍广受质疑，即便一些专家声称它连测验对象是否患有癌症都能检测出来。

实验角色

哈沃德提到的一个略有不同的角色就是，开展一项实验的技巧被用来检验证据是否为真。举例而言，本书作者曾为一名被告的陈述提供证言，证明该名被告从未给出过供词，一名警员一口咬定该供词即盘问被告的逐字记录。这个例子发生在警员询问被记录下来以前，它的确是为什么如今几乎所有对犯罪嫌疑人的询问都被记录下来（至少在英国）的众多原因之一。

与往常一样，此次询问的起止时间被记录在警方日志中。一个很简单的问题就是，警方是否真的能在有限时间内，把他们声称的内容全部记录下来。受到哈沃德做过的许多实验的启发，笔者设计了一个简单的实验，实验要求一个人以正常说话语速朗读这份所谓的逐字记录的证词，再让一个擅长快速书写的学生把听到的内容记下来。最终发现，只有在这样的条件下，这名学生才能在有限时间内完成这项任务。听写有一定的速度，与之相比，该学生的书写速度确实达到了已知能力的上限。因此可以得出证据，此案中的警员必定是一位出色的速记员，否则不可能在他声称的时间内记录下整个询问过程，并且他只是有
60 可能做到这一点，实际上可能性非常小，尤其考虑到提问也需要时间，以及回答问题之前会有所停顿。

这种实验性研究往往会与质询关键目击者的陈述结合起来，哈沃德对此做过许多实验，其中最著名的实验和闵斯特伯格为佛兰德纺织工人的辩护有异曲同工之妙。哈沃德受命为当地市长辩护，两名警员指控该市长在公共厕所中裸露下体。他们为了跟进有关下流行为的投诉，躲藏在公共厕所的小隔间里，透过门上的护栏暗中观察。

被告称他当时戴着一条粉色围巾，而这两位急于建功的警员迫切地想抓几个犯人，他们特别期待遇到猥亵之类的犯罪，以至于对市长这个本来无可厚非的装扮有所误会。哈沃德对此设计了一个实验进行验证，实验人员在光线不够充足的条件下，把市长戴着这条围巾的照片展示给几个对此案不知情的人，要求他们在照片中寻找一些有伤风化的事，并说明在什么时候看到了什么。哈沃德发现，大家都认为八张照片中有一张有猥亵行为。哈沃德将实验结果与相关心理学理论联系起来，并引用了其他研究成果，这些研究表明，人们在描述模糊图像时会受到内

心期待的影响。律师利用这份报告反驳了警方的证据，市长最终被判无罪。

统计精算角色

在发挥临床职能和实验职能的过程中，心理学家经常借鉴已有的数据统计关系来帮助解决案件。因而和另两个职能相比，心理学家研究特定指标概率的职能并不突出。但本书仍要解释一下这种职能，因为它印证了司法心理学是一门有科学依据的学科，具有源源不断的发展动力。和DNA以及指纹线索一样，来源于某一给定个体样本的概率也能为法庭服务。 61

我们需要注意到，即使有指纹和DNA，身份证据也不是万无一失的。在许多重要案件中，指纹专家都声称他们现场采集到的指纹与犯罪嫌疑人的指纹完全吻合，但这些嫌疑人最终被证明是无罪的。统计精算向来备受争议，我们最好把这种方法看作一场赢面很大的赌局，法庭可以把全注押在上面，或者以法律行话来说，能够做出“无可置疑”的裁决。此处要特别指出，民事法庭的判决结果往往受参与案件审理的不同人之间的关系制约，所以对于民事法庭，司法心理测验就比较弱了。判决结果必须符合概率平衡，这让概率预估显得更加重要。

许多人曾经尝试使用心理学证据来确定罪犯的身份，特别是有些人认为，基于犯罪细节的“心理画像”完全符合被告的特征；也有许多反例，在这些案例中，根据犯罪行为总结出的人格类型与被告大相径庭。幸运的是，即便这些方法一开始被法庭采纳，但都以失败告终。这种板上钉钉的方法还缺乏足够精确有力的统计数据。当然有一些普遍现象，比如一个杀人犯很可能是人们口中的“暴虐成性”之人，但也有相当多的杀人犯从来没有暴力行为，而多数喜好暴力的人没有杀人。就算考虑了犯罪行为中纷繁复杂的小细节，但将其与特定罪犯的性格特征联系在一起当作法庭证据还为时尚早。

实际上，心理学家必须先解决法律终极问题才能使用任何
62 “犯罪心理画像”证言。判定被告人是否完全符合某类罪犯的特点，相当于直接判决他有罪还是无罪。因此法庭无疑不愿意采纳任何可以被定义为“犯罪心理画像”的专家证言。

结　语

司法心理学家在法庭中到底能发挥多大作用，很大程度上取决于他们参与的是什么样的法律环境。随着司法心理学家开发出了许多客观的系统化方法，这些方法为专家意见提供了基础，司法心理学家因而也找到了独特的方式参与到更广泛的法律活动中。司法心理学已经为法庭做出了许多贡献，其中一部分已经被标准化和常规化，而其他贡献也越来越多地被运用于解决特定案件的种种问题。然而，这些贡献都依赖于司法心理学家特有的理论、方法、原则、程序，这些都来源于他们的临床实践经验。在下一章中我们会讨论到，司法心理学在法律程序中
63 的参与度正在逐渐拓宽。

第四章

心理学与法律诉讼

精神错乱于法庭审判

心理学家在法律诉讼过程中的主要作用之一，就是评估被告在犯罪当时是否清楚他们的所作所为，或者即便被告知道自己在做什么，是否能认识到他们的行为是触犯法律的。这些人缺乏道德意识，没有认识到其行为的错误本质，但与不懂什么是违法行为不一样，因为人们也常说“不知法不足辩”。这种微妙差别往往混淆了普通民众对于类似系列杀人案等极端恶行的看法，杀人行为远远超过了道德的容忍程度，所以不论从什么标准来看，杀人犯都是疯狂的。但倘若杀人犯的意识没有脱离现实，对所作所为心知肚明，并清楚其行为的错误性，那么按照法律规定，该罪犯不得以精神错乱为由提出辩护。这就是为什么很少有系列杀人犯因精神错乱而被判无罪。

法律定义的精神错乱和公众眼中的精神错乱有很大区别，这引起了许多争论。一个人会做出令人难以理解的行为，比如

64 杀害亲生骨肉来报复妻子，或者杀害正在麦当劳用餐的陌生人，这样的人在许多人心中是“失去了心智”。但在法庭上，如果他清楚其所作所为和错误性质，那么他就是精神正常的。

精神错乱辩护在儿童工作中有重大意义，因为大多数法庭认为不满特定年龄的儿童不具备明辨是非的能力。有趣的是，不同国家和地区承担刑事责任的最小年龄各不相同，印度为7岁，巴西为18岁，英格兰、威尔士以及美国都是10岁。为了允许儿童出庭做证，心理学家也有可能被传唤来证明目击儿童能够区别对错，知道什么是事实什么是谎言。

在许多案件中，被告声称自己患有间歇性精神错乱，并表现为一种难以抑制的冲动，想要验证这些说法有重重的微妙困难。如果一个人脱离现实陷入幻觉，在这种情况下做出某种行为，那么他能以精神错乱为由不被定罪。在一些更极端的案例中，人们有时可能因为处于睡眠中，出现一些“无意识行为”，完全没有意识到自己的行为。这些人会被判定为无罪，因为他们没有任何犯罪意图。

以上问题都是“精神错乱辩护”这一概括性说法的一部分，这个说法的含义是被告由于患有某种精神疾病而需要减轻或免除法律责任。如果这种疾病是被告的特征，那么司法心理学家的任务就是评估该疾病在被告整个人生中的发病率，以及该疾病在被告被指控的罪行中扮演了怎样的角色。现在已经有了一些特别的心理测验，可以辅助司法心理学家的评估。但主流学术观点认为，心理测验仍依附于广义的临床谈话来起作用，因而很少得到充分而有效的单独运用。

评估某人是否有能力接受审判是一项与以精神错乱为由

提出辩护有关的测试，但二者具有明显的区别。受审能力是人 65
的普遍能力，它意味着某人能够理解法庭上正在进行的各个环节，并做出恰当的反应。这与精神错乱评估最大的区别在于，受审能力体现了被告在法庭审判各个环节中的心智能力，而以精神错乱为由提出辩护则更注重罪犯在案发当时的心理状态。

西昂·杰克逊一案是受审能力评估的一个典型案例。他是一位27岁的聋哑人，因盗窃罪被捕。随后他被证实智商极低，并且不能在辩护中有效表达自己。这一发现导致法庭最终判定他没有受审能力，应当被立即释放或转送到特殊管理机构中。

司法心理学家已经设计了大量的标准化测试来评估受审能力，但这个问题与实际的法庭程序紧密交织在一起，以至于评估结果很少被用作证据。大多数专家倾向于和被告进行深度访谈，并使用更普遍的方式来筛查其是否患有精神疾病并评估智力水平。这可以让他们确定被告是否真正有能力理解其正参与的诉讼过程，以及是否能够与自己的法律团队有效交流。如果司法心理学家再往前走一步，可以利用各种有关精神缺陷内因的知识，那么他们在法庭上支持或反对被告有受审能力的理由就更充分。在这个过程当中，检测被告是否诈病至关重要。许多心理测验能够直接反映测验对象是否谎称患有精神疾病或其他形式的精神障碍。

越来越突出的贡献

司法心理学家在诉讼过程中扮演的不同角色，已经引起了

66 广泛的讨论，这些讨论话题现在已经超越了对精神疾病和辩护能力的探讨。司法心理学家不断扩大的贡献来源于他们的临床经验和众多研究，这些研究有的是针对特殊案件的，但更多时候是具有普遍意义的研究，最终可以服务于诉讼过程。对于更广泛的专家证言的研究，揭露了心理学家在法理学领域日益深入的参与度。

虚假供述

有一个尤其有趣的现象，就是一个人可能会出于某些原因错误认罪。有的人即使清楚地知道自己没有犯罪也会认罪，这的确出人意料，即使是经验老到的警察也弄不明白。然而心理学家在刚开始研究证言的时候，就知道虚假供述经常出现，并引起了警方和法庭的密切关注。历史上有一个关于虚假供述的戏剧性案例。1932年，查尔斯·林德伯格的儿子遭到绑架，随后有近200人对此案认罪。与此类似，1986年，100多人向警方承认刺杀了瑞典首相奥洛夫·帕尔梅。

人们虚假供述的原因多种多样，最主要的是为了保护别人，也有的是为了摆脱审讯逼问和严刑逼供，他们认为只要认罪就不用受苦了。然而，也有一小部分人产生了他们确实犯过罪的想法。

人的记忆具有可塑性，这有助于理解为什么明明无罪的人会认为自己曾经犯过罪。多年以来，心理学已经研究证实，人类的记忆并不像老旧的照片底片那样会随着时间变得模糊。恰恰相反，人类在事件发生当时，会注意到某些片段，记忆是以人们对这些片段的可能性和模式的认知为基础构建起来的。众多

研究表明，构建记忆的过程可能会被后续事件干预，而针对关键 67
事件的问题尤其可能会产生影响。如果这些问题暗示一些没有发生的事情，那么在随后的回忆中，此人有可能内化这些暗示，并相信自己记得这些事。比如，如果一个人被问到在目击事件中是否有一辆红色汽车经过，那么即使并没有红色汽车，此人在随后的询问中也很可能真真切切地认为自己记得它从案发现场经过。

有时候，一个人可能因为醉酒或吸毒而对发生的事毫无印象，这些人更容易接受他们有罪的暗示。甚至一部分人产生了悔恨情绪并主动供述，因为他们相信自己有罪，即使他们实际上并没有参与犯罪。

此外，有些人被拘留之后特别容易被询问过程中的隐形压力所影响。或许他们患有某些精神分裂症之类的精神疾病，因此很难分辨现实和虚幻；或许他们智商不足，认识不到他们供述所须承担的后果。实际上，有迹象表明，在某些国家和地区，掌权者无论说什么，出身低微的人都可能会认同。所以如果被告知有罪，他们也会毫无疑虑地接受。司法心理学家会专门探寻这种可能性，并给法庭和其他法律职业人士提供建议，来衡量某人是否有此倾向从而做出虚假供述。

古德琼森等人研究过受暗示性，他们认为某些隐性的性
格特质会使有些人更容易受到诱导。为了验证这一观点，古 68
德琼森开发了一套关于受暗示性的测验，并在多个国家的法庭上用这套测验为被告辩护，这些被告都声称他们在审讯过程中受到诱导，从而做出虚假供述。“伯明翰六人案”是经典案例之一，此案中被告六人一开始被指控在酒吧中安放炸弹

致使二十一人死亡，但古德琼森提供证言，被告六人最终被无罪释放。他发现在这六人当中，有四个人做出了虚假供述，承认安放炸弹，这些人在他的受暗示性测验中得分高于另两个没有认罪的人。

在古德琼森的测试中，测验人员会给测验对象朗读一段故事，测验对象需要复述记住的故事情节，然后测验者会针对故事情节接二连三地提问。一些问题会暗示没有在故事中发生的片段，如果测验对象表示不记得这些片段，就会被告知回答出现严重错误并需要重新作答。测验对象作答过程中的调整程度和调整方式展现了他们在严密审问中的受暗示性。古德琼森的测验不乏严重的批评，但仍获得了法庭的高度支持，这表明只要心理测验有足够的现实基础，那么法庭会非常愿意采纳测验结果的。

记忆复原

在心理治疗过程中，病人有时需要回忆他们已经忘却的童年创伤。这些“复原后的记忆”往往是某种生理或心理虐待。在法庭上，当事人对遭受虐待的供述会作为给犯罪嫌疑人定罪的证据。在许多案件中，这些供述也会致使无辜的人遭受多年的牢狱之灾，这些人通常是供述人的父亲或其他亲戚。问题就在于法庭需要确定供述人的记忆是被复原了，还是被错误地（也许是无意地）引导了。

法官和陪审团很难相信人类的记忆会出错，一个人竟可以
69 真真切切地记得一件从来没有发生过的重要事件。然而一部分人确实有一些非常清晰的记忆，这些记忆甚至比遭受虐待更加

离谱，比如被外星人绑架，因此法庭必须非常谨慎地对待当事人的回忆。如果没有确凿的证据，怎么能确定记忆正确与否呢？如果一份报告历经数月，分成多个阶段完成，并且心理治疗师预先就相信患者的症状是童年虐待的产物，那么许多正常的测试评分指标就会失去效力，例如记忆的鲜活性和叙述过程中的自信程度等。

西格蒙德·弗洛伊德研究过为什么有些患者声称童年时期遭受虐待但事实并非如此，研究成果为现代精神分析提供了部分理论基础。弗洛伊德认为虚假记忆是患者潜意识欲望的一种表达方式，而潜意识欲望来源于患者的心理障碍。换句话讲，弗洛伊德认为患者的心理问题并不是童年虐待的结果。沿用直接来自弗洛伊德传统的心理学家们却走上了相反的道路，他们认为患者无法自主回忆起的某些创伤经历真实发生过，但适当的治疗过程会唤醒他们这部分记忆。记忆“复原”最突出的难题就在于，人们忽略了记忆的可塑性，盲目相信被复原的记忆一定是真的，前文关于虚假供述和证人陈述的部分也讨论过这一问题。

综合征证据

法庭很难消化各种复杂的心理现象以及对这些现象的解释。某种程度上，这是因为法官认为自己对人类了如指掌，而且陪审团成员应当有权根据个人经验来分析案情。如果法庭运用标准化的心理测验来支持心理学结论，那么相较于个人经验，参与法庭审判的门槛无疑提高了不少。与此类似，人类的许多
行为问题正处于研究状态，如果研究成果能够以某种医疗诊断 70

的形式在法庭上呈现，它们会比单纯的“专家观点”更容易被接受。在这种背景下，众多心理“综合征”找到了参与法庭审判的突破口。必须说明一点，律师和许多心理学家尚不能接受用医学方式为人类行为模式归类，但这也阻止不了越来越多这样的综合征被收录进司法心理学的术语范畴。

创伤后应激障碍(PTSD)

目前作为证据应用最频繁的心理综合征是创伤后应激障碍（post-traumatic stress disorder）。这种综合征的研究历程十分漫长，跌宕起伏。在第一次世界大战期间，它作为“炮弹休克”的一部分开始引人注意，在二战期间被称为“战斗疲劳症”。美国南北战争时期甚至有一种类似的现象被鉴定为“士兵心脏”（神经性循环衰弱）。起初，军人在战斗经历之后的极端反应都被归咎于懦弱胆怯。一战中有许多逃兵和懦弱的士兵被枪决，现在看来这些士兵都患有创伤后应激障碍。临床心理学对严重创伤影响的研究，促使人们对军人在战斗中经历的痛苦有了更开明的理解，并为衡量其他创伤性事件所造成的心理伤害提供了基础。

研究估计，大约十分之一的人有不同程度的创伤后应激障碍。如果你曾经被卷入过一次交通事故，之后就不愿开车或者开车时谨小慎微，并且每当听到急刹车的声音时就会产生突如其来的焦虑感，那么你很可能有轻微的创伤后应激障碍。若此类症状持续两三个星期，你可能患有“急性应激障碍”。

71 和其他精神障碍不同，创伤后应激障碍有确切的病因，即普通人没有过的创伤性经历，包含强烈恐惧、无助或憎恶。尚未确诊之时，患者必须证明该创伤经历的负面影响已经持续一个月以上，并伴有心烦意乱的记忆、闪回、悲伤的梦境，或兼有这些症状。此外，患者必须感到不得不回避任何与此次创伤事件有关的事，包括有关的地点和人，甚至一些回忆。创伤后应激障碍的第四个症状就是对潜在威胁更加敏感，尤其是过于警惕任何有可能导致此类创伤经历的事情，并伴有严重的焦虑和痛苦，通常表现为睡眠困难。如果患者有以上四点每一点中的某些问题，便可确诊创伤后应激障碍。症状的数量、强度以及持续时间表明了病情的严重程度。

美国的法庭已经认定创伤后应激障碍属于一种精神疾病，并可以作为减轻暴力犯罪量刑的依据。在一起退役士兵袭警的案件中，新泽西最高法院做出裁决，认为该士兵在犯罪瞬间将警察错认为敌方士兵，这是记忆闪回的结果。在加拿大一起针对儿童性侵的案件审理中，创伤后应激障碍作为精神疾病辩护的证据得到了更深刻的运用。被告声称他在波斯尼亚执行维和任务时卷入了一起突发的儿童性侵事件，他当时杀害了施暴者，阻止了性侵，但随后患上了创伤后应激障碍。在法庭上，他为自己辩护，他的性侵行为是那次突发事件的再现。法官认定他在犯罪当时精神错乱，不清楚自己正在做什么。无须多言，许多专家非常担忧创伤后应激障碍在亲密关系暴力案件中作为精神错乱辩护的应用。和人类记忆的其他方面一样，创伤后应激障碍导致的暂时性意识消失和记忆缺失也很难得到有 72
效证实。

创伤后应激障碍主要应用于事故索赔，它为评估事件的心理影响提供了一套久经考验的确切标准，但这种最直接的运用也受到不少质疑。诸多证据显示，创伤经历的影响取决于当事人在事件发生之前的心理健康程度。而且创伤过后的种种经历也会对创伤后应激障碍的发展产生影响，例如社会支持或失业。最大的争议在于，有清楚的迹象表明，如果创伤后应激障碍能发挥作用的诉讼持续存在的话，它会变得更持久更严重。

受虐妇女综合征

另一种得到法庭承认的心理综合征是“受虐妇女综合征”（battered woman syndrome），它甚至或许早于创伤后应激障碍。律师利用这种综合征来解释为什么一个长期遭受严重身体虐待的女人仍然不能摆脱这段亲密关系，甚至在施虐者外出或睡觉的时候也不会逃走。这种综合征的特征围绕着一个观点，即实际上是施暴者逐渐让受害者学会感到无助的。研究人员最初在实验中无法逃离电击的动物身上发现了“习得性无助感”，这些动物最终放弃躲避电击，只能无力地躺着。这种与无法摆脱以及任意的施暴行为相关的被动性随后在许多人类身上被发现。

一旦这种随意施暴行为成为夫妻或情侣关系中的一部分，那么受害者在无助感之下会有非常复杂的心理活动，包括受害者相信遭受虐待是因为她犯错了，并认为在以后的生活中做些什么能终止受虐，或者对自己的生活和孩子产生直接的害怕情绪。通常虐待会带有一定心理上的胁迫，比如施暴者告诉受
73 害者如果她报警，就会从她身边带走孩子。受虐者的内心往往会被一种非理智的信念所占据，即施暴者是无所不知、无所不能的。

一些可以作为法庭证据的心理综合征

受虐儿童综合征（BCS）

受虐妇女综合征（BWS）

儿童性虐待综合征（CSAS）

儿童性虐待调节综合征（CSAAS）

虚假记忆综合征（FMS）

孟乔森代理综合征（MSP），也称代理人伪病症

父母离间综合征（PAS）

创伤后应激障碍（PTSD）

强奸创伤综合征（RTS）

记忆复原综合征（RMS）

创伤性脑损伤（TBI）

解释女性行为

许多被法庭承认的心理综合征都与女性的行为有直接关系，但与男性的行为没有较大关联，这种现象令人瞩目。当女性受害者的行为不符合大众对女性行为的刻板预期时，这些心理综合征都会用来对此做出解释。正如前文提到的，受虐妇女综合征有助于陪审团理解，为什么有的女性受到虐待之后没有选择逃跑或反抗。其他类似的心理综合征也作为对女性身上反常行为的解释而被人接受，或作为减轻刑事责任等罪责的证据。这些心理综合征引起了火热的争论，争论的主题为它们在本质上是不是披着伪装的厌女症，而不像其他具有医学特征的疾病

一样是确定的疾病。

女性处于生理周期的特定时期时情绪更加脆弱，并会遭受生
74 理和心理的双重不适，这被称作经前期紧张综合征，许多法庭已经将其看作一种暂时性精神错乱。在一些由女性实施的暴力犯罪中，甚至个别谋杀案中，经前期紧张综合征被用作辩护理由之一。这种辩护手段显然存在男女不对等的现象，因为有证据表明，男性每个月也会有情绪波动，但并不是由重大生理变化直接导致的。因此这种辩护理由没有充分体现法律面前人人平等的基本原则。

强奸创伤综合征（RTS）是一种比较公平的心理综合征，它在女性受害者中更常见，但理论上也适用于男性。这种心理综合征目前没有清晰的定义，它与创伤后应激障碍相似，但二者侧重点明显不同。法庭会应用强奸创伤综合征分析为什么强奸受害者没有及时报警。具体解释为，这种推迟行为首先表明受害者对自己在强奸案件中的角色有所疑虑，甚至可能有自责心理。这种心态是强奸事件所造成的心理阴影的一部分，通常伴有抑郁情绪、自杀意图，以及普遍的恐惧感和焦虑感。

值得注意的是，不仅各种各样的外部刺激和创伤经历会造成负面影响，一些没有明显极端暴力行为的事件也会导致一定程度的心理打击。恐惧情绪和深刻的心理侮辱同样具有创伤性，它们甚至比恶劣的肢体侵犯更严重。许多研究表明，压力与缺乏控制能力有关，因此一些让人情绪失控的事件，也会严重挫伤个人的自我价值感和掌控生活的能力。

法庭上的心理学

司法心理学家作为专家证人在法律诉讼过程中提供的证

言，很大程度上来源于临床访谈和精神障碍诊断工具的评估结果。与此相对，心理学越来越多地参与到对审判流程的研究，并且影响审判结果，这些应用倾向于直接借鉴社会心理学，而不会 75
过多依赖临床心理学和各种心理测验。正如心理学的其他应用领域一样，美国的司法心理学是最成熟的，主要原因在于，美国的法律体系对审查更开放，并且与英国相比，允许律师更多地介入。甚至在一些州，人们可以直接调查陪审团的决策流程。在大多数陪审团制度的国家中，陪审团的工作是秘密进行的（但在法国，法官通常会参与陪审团的决策，以保证陪审团成员能够合理地执行任务）。这种普遍隐私性意味着外人很难知情，由随机抽取当地公民组成的陪审团到底是如何处理审判中呈交的证据并做出裁决的。

美国和其他国家的另一个主要区别在于，美国的法律允许律师影响陪审团成员的遴选。虽然所有对抗性法律体系都在一

图7　非正式的家庭裁决场景

定程度上允许干预陪审团成员的选择，但这通常都是极其有限的。但在美国，陪审团成员会面临大范围的质疑，并且法庭允
76 许将许多人排除在外。这种情况引发了“陪审团的科学选拔”，即在陪审团成员的遴选过程中，心理学家会指导律师在可选范围内选择对己方最有利的陪审团成员。这需要遵循有关如何让陪审团接受提供给他们的观点的建议。这种干预是否扭曲了司法程序，或者与律师的行为是否存在根本上的差别，已经掀起了讨论。问题在于，某些人心中干涉正常陪审团程序的活动是否可能跨越了伦理界限。难怪许多专家对这种形式的建议忧心忡忡。

司法心理学家给律师的建议有赖于他们对陪审团运作流程的研究，以及对影响陪审团裁决的社会因素和心理活动的分析。许多与陪审团决策相关的普遍心理问题浮现出来，这些问题不仅包括个人对当庭呈现的事物的观点和理解，也包括社会因素的影响。在经典电影《十二怒汉》中，亨利·方达饰演的角色竭尽全力说服其他十一位陪审团成员，陪审团的社会心理活动被淋漓尽致地展现出来。

陪审团决定应当做出的判决是最辛酸的时刻，这种情况出现在对赔偿金的讨论中，或者在美国的一些谋杀案中，陪审团需要裁决被告是否应当被处以死刑。一些有关陪审团决策的研究发现，人们对于正在处理中的案件的种种看法，尤其是对死刑接受度的普遍观点，会比任何当庭呈交的证据产生更大的影响。

自陪审团的研究中浮现出来的很重要的一点是，由于陪审团成员不熟悉法律文本，正在审理的案件又十分复杂，不同陪审团成员有着不同的受教育水平、个人偏见和对法律的既存信仰，

三方面因素结合导致陪审团成员很难理解提供给他们的指示信 77
息。比如，在苏格兰，陪审团成员会得到一份用古代法律术语写成的文件，这份文件描述了被告受指控的罪名。古语写成的文件更容易让陪审团相信被告有罪，但用日常语言简单描述相同的信息则不会产生类似的效果。

法庭自然明白这些问题带来的不利影响，而且心理学家也正在试图为律师和法官找到更有效的方式来配合陪审团。司法心理学家可以通过分析案件的指示信息来考虑理解这些信息需要何等受教育水平，他们也可以为陪审团提供特别的裁决方式，甚至给出流程图，来指导陪审团如何研究线索并做出裁决。但法律的陈规旧习阻碍了这些创新举措的实施。

陪审团的科学选拔试图直接解决陪审团成员偏见这一重大问题，特别是在美国。陪审团必须对案件做出符合客观事实的评价，然而一旦某个陪审员对案件中的关键信息怀有很强的偏见，以至于他或她忽略事实，而是基于固有的想法做出判断，那么这种原则就被破坏了。由此，陪审团选拔顾问才需要考虑代理律师的意见。

司法心理学家已经制定了一些审判策略手册，来帮助代理律师找出陪审员中可能对己方不利的偏见，这些手册可以指导律师在法律允许的范围内，于开庭之前向陪审员提出问题，并让律师学会如何根据问题的回答来分析某个陪审员可能怀有的偏见，例如这名陪审员倾向于给年纪更大的人定罪。然而，在一些案件中，年长的陪审员更同情被告，此时这个简单的策略就会适得其反。有人认为陪审员更容易对与自己同民族的被告表示同
情，但研究结果并不支持这一观点，人们反而倾向于认为被告是 78

所谓的“害群之马”，给他们的民族抹黑。

人格特质和个人观点对预测陪审员可能做出的裁决略有用处。心理学家可以让陪审员填写问卷，因此他们开发了一些标准化的心理测验，比如，这些测验可以预测某个陪审员做出有罪裁决的可能性。陪审员偏见量表是此类问卷之一，该量表会询问陪审员是否同意某些说法，比如“通常来讲，警察只有确定某人犯罪时才会对其实施抓捕”，以及“如果犯罪嫌疑人从警察局逃逸，那么他很可能就是犯罪凶手”等。这些问题虽然和预测某个陪审员可能做出的裁决没有紧密关联，但具体案件中的许多因素却能够掩盖这些偏见的影响。

通常来讲，司法心理学家虽然尝试通过科学的陪审团选拔以及指导代理律师来影响案件结果，但这些行为并不像那些期待通过这种咨询来获利的人声称的那样有力，这一点令人欣慰。目前，只有证据才是预测案件结果的最有力因素，但只要铁证如山，被告都会认罪伏法。所以只有当辩诉双方的证据力度持平之时，才有可能启用陪审团，在这种情况下，陪审员性格特点的细微影响，以及案件以怎样的方式呈现给陪审团，都有可能决定陪审团最终做出的裁决结果。

结　语

司法过程和法律条文至少早于司法心理学两千年就出现了，因此也不必对大多数律师不愿接受心理学家的建议感到奇
79 怪。结果，心理学证据在一开始往往服务于非常特殊的目的，主要是以精神障碍为由提出辩护，或评估被告的受审能力。在过去二十五年里，司法心理学的作用有所拓宽，例如，通过参考创

伤后应激障碍等精神障碍，来引证“间歇性精神错乱”等现象。

司法心理学更多地参与法庭环节有助于解释一些看似出人意料的行为，比如有的女性长期与虐待她的同伴相处，或有的女性受到性侵犯但未能及时报警。但是，如果心理学家能以专家的身份参与法庭，他们的建议便可以直接对更多的诉讼程序产生作用，而不是仅仅对审判环节做评价。司法心理学家的作用多种多样，他们不仅可以协助建立一个有预先倾向性的陪审团，也可以指出案件信息在法庭上的合理呈现方式。

心理学和法庭之间所有的交互影响都是两种不同文化相互作用的结果。司法心理学家想开发并利用标准化心理测验以及医学临床访谈，这些测验和访谈会把对象放在一个通用框架下对其进行评估。相反，法庭会对某个人或某个案件的特殊性展开精细的研究。此外，不同诉讼程序的细节在不同的法律体系下有巨大的差异，这也会影响司法心理学家做出的贡献。如果法庭不设置陪审团，司法心理学家会更充分地发挥自身作用，但这样的法庭也会更谨慎地对待他们的观点。在纠问式法庭中，法官、律师等专业人员有更大的自由度来采纳或忽略司法心理学家的观点。虽然仍有大量法律职业人员认为借用司法心理学当前的成果是否真的大大有益于无论何种法庭还有待讨论，但毫无疑问的是，心理学对法庭审理的影响正在全世界范围内迅速扩大。 80

第五章

与罪犯打交道

司法心理学家的主要作用不是在法庭上举证，当然也不是成为案件侦查队伍中的一员，而是参与罪犯管理。司法心理学家的工作场所可能是监狱，也可能是其他负责收押、监禁罪犯的机构，以及教化罪犯使之洗心革面的机构。被法庭定罪的人除了会被安排在监狱中，也会被送往缓刑机构、治疗机构，甚至各种各样的精神病院或隔离医院。

在这些机构当中，司法心理学家肩负着三个巨大的任务，这些任务与罪犯的不同人生阶段紧密相关——罪犯的过去、现在和未来。

- 司法心理学家的职责之一就是要帮助罪犯解决一些既往问题，这些问题或许直接引发了他们的违法行为，比如缺乏管理攻击性行为的能力，以及其他诱发犯罪的因素（药物滥用或酒精成瘾），甚至一些长期问题，比如心理疾病或人格障碍。
- 另一项职责是给罪犯提供心理咨询来帮助他们解决当前

的困境，比如降低罪犯在狱中自杀的风险，或给刚刚被判 81
处无期徒刑的罪犯提供心理援助。

- 然而，司法心理学家最常见的角色，隶属于“风险评估与管理”的广义范畴之下。也就是说，司法心理学家要尽力去确定某个人对其自身和他人带来的危险，并找到管控这些风险最有效的方式。这些评估或者与管理在押犯人相关，或者是要评定那些罪犯被释放后的风险。

现代心理学影响范围广大，有越来越多的心理学家正在从战略层面上为所从事的刑罚机构提供指导，他们通常负责选拔和培训员工，或发起各种与罪犯相关的项目。在这些工作当中，与其他应用领域一样，司法心理学家的贡献不仅在于提供和罪犯有关的知识。在许多他们从事的机构中，可能存在一套根深蒂固的观念和一种根本上是惩罚性的文化，而没有任何大学水平的教育和解决问题的科学方法。因此，司法心理学家通常会组成一个专家团队来促使这些机构的工作更加注重证据基础。但是证据的力度通常会被反复讨论。

评　估

与罪犯有关的任何工作都会从某种测评开始。这实际上是一种经典的医学框架，在这个过程中，心理学家会诊断罪犯的各种问题并记录下来，作为制定最合理的治疗方式的依据。然而，根据心理学的理论，现在罪犯管理人员很少对罪犯行为的某种特别原因进行筛查，譬如他们患有某种精神异常，或童年时期遭
受过性虐待。与此相反，心理学家会尽力研究罪犯个人及其生 82
活的方方面面，毕竟许多遭受特殊创伤的人没有变成罪犯。因

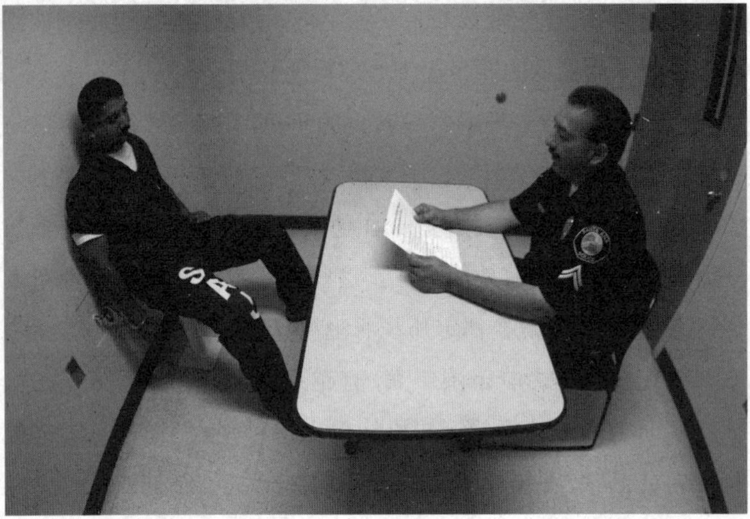

图8　监狱中与罪犯打交道

此，彻底分析产生犯罪的环境是相当重要的。

一些极端案例有助于解释这种研究过程的复杂性。弗雷德·韦斯特被指控犯了系列杀人罪，在1994年被捕之前，他至少杀害了20名年轻女性。他和他的妻子罗丝在杀害这些女性之前，对她们实施了性虐待和身体虐待，随后将她们埋在了自家花园里和他们臭名昭著的院子下。如果在他于监狱自杀前能够对他开展一次心理测验的话，测验结果会揭露什么呢？

首先，最显而易见的一点就是他几乎不识字，并且可能有学习障碍。当然警察在询问时，自始至终都安排了一个“合适的成
83 年人”陪着他，因为警方担心他可能不能完全理解他所面临的指控和调查意味着什么。这些信息在他的供述中可见一斑，当被告知他的院子里发现了一具尸体时，他竟然要求警方小心翼翼地把石板铺成原样。他进一步要求，一旦明确他实施了谋杀，他

就应该立刻被释放回家。这听起来像是一出黑色幽默，但实际上很可能是他对他的糟糕处境毫不自知。

如果心理学家能和韦斯特聊聊他的家教，便能理解他的家庭有多么的纵欲成性。韦斯特在他自杀之前写下过一份回忆录，尽管它看起来是他对自己那清白而幸福生活的描述，但文中提到，他的父亲曾与韦斯特的女儿发生性关系，这种性行为在他的家庭生活中是家常便饭。关键之处在于，韦斯特看起来没能认识到这种事情的恶性本质，并且与大多数人相比认为这理所当然。

除了很早就接受了这种无拘无束的性满足以外，他十几岁时还强奸过一位年轻女士，最终却逃脱了法律的惩罚。这导致了他此后无休止的暴力行为。他的行为模式和思维方式牢牢地扎根于他的自我认知里，这种自我认知一部分是由其父母和其

图9 一位正在接受评估的犯人

他家庭成员对待他的方式塑造而成的。甚至很有可能的是，只有当他实施性暴力时他才会意识到自己是很重要的。

即使是上梁不正的父母，根深蒂固的观念，以及对行为后果的浅薄认识，也不足以把他变成一个系列杀人犯。直到他与罗
84 丝结合，他的暴行才被提升到另一个高度，因为罗丝有犯罪和卖淫的前科。种种因素作用塑造了一个环境，使性暴力和谋杀成了他的生活方式。

与性暴力罪犯协作

显然，任何疗法都很难“治愈”弗雷德·韦斯特。但对于情况不那么严重，恶性经历不这么持久也不这么强的人，许多在监狱工作的心理学家很希望能实施一些项目来降低他们继续犯罪的风险，哪怕只有一点点成效。这些项目的共同之处就是承认犯罪的原因因人而异且复杂多样。因此司法心理学家会帮助罪犯解决有关其自身行为以及生活方式中的诸多问题。

一般来说，一些典型的项目可以帮助罪犯养成更符合社会规范的行为，这些项目是建立在和罪犯进行广泛讨论的基础之上的。导致暴力犯罪的各个方面都会被探讨，包括角色扮演和激烈讨论。这样做的目的是帮助罪犯对被害人产生更多的同情
85 心，以及对其自身行为进行更多的反思。另外，使他们对能够引起犯罪的条件保持警惕，从而能够辨认出这些条件并规避它们。

心理学家会在数月之内与罪犯频繁互动，但在监狱中开展这些项目仍困难重重。最突出的难题就是，监狱是特殊场所，在那里异性不可混住，并严禁饮酒。罪犯从傍晚到次日早晨一直被关在各自的牢房里，无法从事各种日常活动。在这种非同寻

常的环境里，怎么可能训练或治疗某个人，使其脱胎换骨，过上普通人的生活呢？实际上，监狱生活的许多方面很可能将罪犯拉向重复犯罪的深渊。比如经常有人指出，在监狱中比在外面更容易得到违禁药物。还有一个简单的事实，罪犯整天与有罪之人共处，其他罪犯带来的影响同样不可小视。

还有，罪犯由于他们固有的世界观而自我封闭，通常会对其所作所为进行强烈的自我辩护，一部分罪犯会否认犯罪，或否认会给其定罪的作案方式。心理学家在与罪犯的谈话中可以直接识破这些否认和辩护，但如果罪犯拒绝接受对其行为的另一种解读，那么就需要采用不一样的矫正手段了，比如重点帮助罪犯培养积极生活技能，并且增强对犯罪环境的抵抗力。

重大风险之一就是，罪犯会感觉是被强制参加的，但他们表面上并不反感。学界对此有许多解释，心理学家认为在许多情况下，罪犯虽然已经有了一些改善，但随后却发现他们不过是学 86
会了应该说什么才能够通过这些项目，并没有改变想法和以后的行为。一些研究清楚地表明，那些在矫正过程中表现良好的精神病态者，恰好是日后很可能继续犯罪的那部分人。

解决方法之一是，建立人们所熟知的“矫正团体”。罪犯必须申请加入这些团体，并向团体表明自己发自内心想要改变。整个机构在强烈的自省基础之上运行，从而没有任何演戏或隐瞒的可能性。这种团体运作的成本十分高昂，也需要严格挑选合作的人，但一些研究表明，它们比其他形式的严重罪犯干预手段效果更佳。

这种“矫正团体”通常在一个极具感召力的领袖带领下长期活动，就像某种狂热的异教，这会产生一些奇怪的组织。一个常被提及的例子就是1980年代后期的一个组织，它每周会进行80小时的心理治疗，因此几乎没有任何休闲时间，这对于培养生活技能也没有直接帮助。显然，它还包括为期两周的封闭治疗，在一个条件齐全的封闭房间中进行，通过墙内的管子来供应食物和水。顺便提一下，犯人需要服用各种各样的精神药物，比如致幻剂。犯人必须接受整整两年的矫正，直到他们能证明已经达到了预期“治疗”效果才可以出去。参与这种组织之前就被定性为精神病态的人，在治疗之后变得更危险、更焦躁不安了，这种结果并不让人惊讶。

酒精和其他物质依赖

减轻酒精和其他药物成瘾的介入治疗也许取得了更大的成
87 就，对于减少成瘾者的犯罪也起到了立竿见影的效果。这些治疗能够起效，一部分是因为罪犯需要改变的行为在本质上有很强的目的性，这让清晰划分脱瘾人员需要经历哪些阶段的治疗成为可能。嗜酒者互诫协会的倡议使脱瘾治疗效果显著，前者赖于小组合作以及瘾君子们对目前困境的认可。对成瘾者其他行为后果的重视也有助于培养一定的观念、信念和理解，来帮助罪犯出狱后更好地生活。

强化思维技巧

嗜酒者互诫协会认为不可能完全脱瘾，嗜酒者要学习管理酒瘾，“控制一天算一天”。与之相比，心理学的主流观点认为，改变某人行为的第一步是改变其认知方式，再激发从改变了的思维范式中衍生出来的行为。这个过程只能循序渐进，每一步都要谨慎进行，只要有可能就调整引用到特定的个体身上。简言之，这就叫认知行为疗法（CBT）。许多矫正性犯罪者和成瘾者的治疗计划都用到了这种疗法，但它也适用于罪犯所要处理的更广泛的问题，比如愤怒情绪的管理。

至于如何与罪犯合作探索这一点，典型的例子就是在他们目前的监狱生活中选取一个可能发生的，或真实存在的，且具有潜在强烈感情色彩的事件。在多人小组讨论或二人一对一心理辅导中，罪犯可能被要求想象这样一个场景：他在下午三点前往会客室，期待伴侣的到访，但等了十五分钟之后，伴侣仍然没有出现。罪犯或许会说，他的第一反应是她放了他鸽子，而去与别 88
人会面。他对此十分生气，并伴有恶心等感觉，然后回到自己的房间，打算当晚通过电话把心情宣泄给她。

心理学家会指出，他这样做毫无用处，并且他已经不知不觉地陷入“自动思维”当中，这种思维会导致徒劳无功且具有潜在攻击性的感受和行为。之后心理学家会告诉他还有其他处理方式，比如想想他的伴侣可能路上堵车，这会让他保持一个乐观的心态，感觉更舒服一些。在这种状态下，他能够平静等待，或许可以和狱警聊聊最近的一场足球比赛。之后如果伴侣出现，他能以良好的状态与她相处；如果没有，他也不会感到难受，之后仍可以与她谈谈原因，谈话也不会过于尖锐。

这种帮助罪犯培养乐观心态，以及由此获得的更积极的感觉和行为能力的方法，已经应用到一些具体的、有条理的项目之中。在英国，大量此类项目已通过评估并得到认可，以便它们能在整个监狱系统中成为一个可行的标准模式。最常见的项目是培养强化思维技巧。这包括持续22小时的谈话，以及相关的

"谈话外任务"，后者很像家庭作业。这种项目以小组为基础运作，包括一系列关于认知行为疗法的心理学基本观点的解释，对小组成员特殊经历的挖掘，培养其倾听与求助等社会技能，以及通过大量练习来帮助参与者感受并实践讨论内容。

评估介入治疗

对于有证据支撑、科学合理的介入治疗方式，也有必要进行
89 评估。这并非易事，首先要怎样衡量治疗的效果？如果项目针对的是愤怒情绪管理或药物滥用，那么在项目开始前和结束后都需要评估。当这种活动发生在许多不同的机构里，或是违法的时候，这样做很难。但如果目的是减少随之而来的犯罪，也需要监控。所有项目的困难就是，它们可能让罪犯产生反侦查能力，而不是减少犯罪。在一些案例中，办法之一就是使实施"治疗"之前的成本与之后相等。官员们向政客汇报成果来维持项目资金时，这看起来非常合理。但稍加思索就会发现，给犯罪活动的所有含义冠以成本是多么的困难。

纵有诸多困难，仍有大量研究表明，对于药物依赖治疗项目，一些证据显示它们最终将获取性犯罪减少到了原来的三分之一乃至更少。更普遍的强化思维技巧课程也在行为方面产生了数据上的更大进展，一般减少了20%的惯犯。

然而产生了一个新问题，这些变化是否只是因为某种无论如何都会发生的成熟。将罪犯随意分为"可治愈的"和"不可治愈的"，这种做法面临现实和伦理上的问题，好比临床药物双盲试验。因此，必须设置没有进行过介入治疗的对照组进行对比。大体上，人们发现那些参与了这些精心安排的治疗的罪犯，与没

有参与过的相比做得更好，前后的差别也是一样，但这些都是相对的。许多罪犯并没有停止药物滥用和犯罪生活，但总的来说，在参与过治疗后，只有少数罪犯涉嫌犯罪，而且他们的药物依赖也减轻了。 90

人格障碍

在一套行为问题上，这种“治疗”项目可能收效甚微。1998年，迈克尔·斯通被指控在光天化日之下，毫无理由地残忍杀害了林·拉塞尔博士及其六岁的女儿，并企图杀害她另一个九岁的女儿乔西，此案引起了全世界的关注。后来人们得知他有暴力犯罪史，在一个不正常的家庭中长大，经常搬家。他之前蹲过监狱，也由于出现暴力行为而被认定患有精神疾病。他妹妹说，在谋杀之前，他曾因为自己的杀人幻想寻求过帮助。虽然他一直在治疗自己的焦虑，但谁也不能给他下精神医疗诊断，因此他也不能入院治疗。对几起杀人案件的环境和对斯通个人背景的研究结果表明，他就像一颗随时有可能爆炸的炸弹，但对此谁都无能为力。

阻止斯通继续犯罪有两方面问题。其一，他当时没有实施可以使他入狱的犯罪行为；其二，他无法取得医疗诊断，所以无法进入精神病院或其他医疗机构中。有许多人踏进了这片法律和精神病学之间的无主之地，他们拥有真实的能力实施暴力犯罪，但至今对这些人仍缺乏正式的管理程序。这些人包括那些服刑将满即将出狱，但仍表示会伤害自己或他人的人，也包括长期虐待儿童的人，以及正申请从当前的隔离病房转到更自由的医院的人。一些人稍有不同，他们在押候审，等候法庭审理自己 91

的案件，他们承认暴力如高速危险驾驶能带来性兴奋。

这些人在现实生活中神志清醒，他们没有幻觉、幻听或幻视，也不会妄想自己是上帝或总统。他们不会突然大喜大悲，他们洁身自好，或只有轻微的物质滥用。但毫无疑问，他们至少是非正常人。他们尤其难以形成深厚而稳定的人际关系，对他人没有同情心；他们往往意气用事，举止偏激，性格极其冲动。当他们处于"温和模式"之时，这些特点或许与常人无异。因此他们被认定为人格障碍而非精神障碍。

按照临床诊断的方法，目前已经认定了十种不同类型的人格障碍，涵盖了从偏执狂到强迫症的所有类型。这些障碍紧紧围绕着怪癖、情绪化和焦虑。此处讨论的有暴力倾向的人属于"情绪化"人群，通常被归为"反社会人格障碍"，换个奇怪的说法——"边缘性人格障碍"。

这是精神疾病诊断中的一个令人着迷的领域，同时也充满争议。让我们来看一看官方的反社会人格障碍的诊断标准，它们来自《精神障碍诊断与统计手册第四版》(DSM-Ⅳ)：

一种对他人权力的普遍漠视，表现为下列症状中的至少三项：

多次违法行为

15周岁以前有行为障碍迹象

为个人利益或乐趣多次说谎或欺骗

冲动易怒

有很强的攻击性

漠视他人和自身安全

一贯不负责任

缺乏懊悔之心

确定这些描述了一个典型的长期罪犯吗？既然DSM-Ⅳ已经包含比如精神分裂症和抑郁症等诊断在内，那么在DSM-Ⅳ下再对人格模式打上标签又有什么意义呢？

许多权威组织认为，人格障碍标签的全部意义就好比一块铜锈，它暗示存在一组连贯的特点，表明某人是异常的，但没有精神疾病，除此之外没有意义。对于试图管理这些潜在危险个体的人来说，它提供了一张“诊断”的安全网，来为这些人被对待的方式进行辩护。诚然，对于一些人而言，得知自己有某种“障碍”比被称作“人渣”要轻松得多。但应用人格障碍诊断的主要阻力来自医疗行业之外。正是想避免类似林·拉塞尔及其女一案的案件带来的窘境的政客们开始对这一观点感兴趣，即潜在罪犯能够得到诊断从而住进医院。在英国，“危险与严重人格障碍”的标签被创造出来，特殊的牢房得以建立来管理做出如此诊断的人。此举目的就是帮助他们最终能转移到传统的牢房中，甚至让他们能够重新步入社会。

人格障碍的后果可以改变，此观点为这种方法提供了理论基础。主流方法是建立集中的治疗团体，但让罪犯离开此类社团要承担很高的风险，只要有一个“毕业生”杀了人，就足以引起公愤，坏了整个社团的名声。因此这些社团的运作更像是相 93
对而言更温和的收押不定期犯人的监狱。这是非常有争议的方式，因为令人悲伤的是，在许多国家很长的历史时期中，人们会因为他们**有可能**做什么而不是实际上真正做了什么被关押起来。

参与监狱工作

收押犯人的目的在不同国家和不同时期都是不一样的。有一种观点是，设立监狱就是为了改善罪犯的行为，美国将监狱委婉地称为“惩教机构”，由此可见一斑。有时，监狱也被看作单纯为了惩罚和减少犯罪的一种方式。但绝大多数人都接受的观点是，监狱至少不能让人变得更坏，也不能让人变得对社会更危险。达成这一目标并不容易。因此在监狱工作的心理学家经常关注在罪犯身上会有哪些负面影响，而这些影响又是怎样减轻的。罪犯是主要关注对象，但一些专家也认为，在监狱中度过职业生涯的工作人员也应当受到关注。

许多研究表明，经历过牢狱生涯的罪犯有许多心理上的变化，它们包括：

- 依赖监狱工作人员和他人来替他们做决定；
- 多疑、不信任他人，可能伴有神经过敏的警惕性；
- 隐藏个人情感，难以与他人相处；
- 自我价值感降低；
- 童年创伤再次激活，并产生相似后果。

对于有精神疾病的人，或者智力水平有限、缺乏家人和朋友关怀的人来说，这些负面影响是非常大的。在一些案例中，尤其当外部因素渗入监狱经历，比如亲密关系破裂时，犯人的心理压力会变得相当大，以至于自杀或自残。

如往常一样，司法心理学家已经设计出了一些量表，依据对罪犯自身及其背景和当前经历的了解，来评估自杀或自残的风险。这些评估用以指导罪犯管理工作，有些情况下也可以提供支持和咨询。但罪犯自杀的概率是普通人的大约五倍这一事实依旧如此，英国监狱大约每周就有一名犯人自杀，加利福尼亚和得克萨斯的监狱情况类似。

风险评估与管理

预测各种形式的风险，比如犯人自残或伤害他人，再次发生性暴力犯罪或其他犯罪，已经成为在不同机构中工作的司法心理学家的艰巨任务。大量风险评估工具在过去二十五年间被开发出来，最有效果的一个是许多受训专家使用的结构化检查表，比如历史-临床-风险管理量表（HCR-20）。

HCR-20整合了所谓“静态”因素和“动态”因素，即相对稳定不变的因素和很可能发生改变的因素。静态因素基本上是既往史，比如罪犯的暴力犯罪史、工作问题、精神病态的确切经历， 95
以及物质滥用。动态因素是更直接的心理因素，比如缺乏自省意识、冲动易怒，以及关于未来的不可行计划。此外，社会支持、个人应对任何形式的治疗方法的方式，以及其他潜在压力都被考虑进去。

如果我们对比一下两个不同的罪犯，风险评估的结果就耐人寻味了。一个是某三十多岁的已婚男子，承认对其十几岁的女儿从四岁开始实施性虐待。另一个是某二十出头的年轻男子，被指控对在当地公园刚刚碰见的未成年男孩实施性侵。

根据一些标准化的风险评估手段，尤其是静态 99，该年轻男子继续犯罪的风险比已婚男子高得多，原因是一个超过二十五岁的已婚男子未来在家中对女性实施犯罪的可预测性，低于一个无同居关系者对陌生人及男性实施犯罪的可预测性。

这个区别可能有些出乎意料，但它是有研究基础的，这些研究运用了这些评估方法并贯彻了预测效度。

然而，尽管这种评估有很强的逻辑，并且研究证明它们有广阔的预测作用，但它们离万无一失还差得远。一个简单的原因就是，虽然给某个人定性不是难事，但给会让犯人再次入狱的境况定性并做出预测就相当困难了。并且，对于许多必须接受评估的人来说，可靠的背景信息相当有限。但有一个简单的普遍原则，即当下离一个人已经实施暴力犯罪的时间点越近，他在不远的将来再次施暴的可能性越高。基于这些原因，就像天气预报那样，预测在接下来两天甚至两周之内会发生什么还是有可
96 能的，但在四年或十四年这样更长的时间段内就不那么可靠了。

被害人学

讨论管理罪犯的时候很容易忽略的一点就是，他们也是被害人。因此被害人研究的发展与罪犯以及被罪犯侵犯的人都息息相关。这种研究必须谨慎翔实。它们表明，并非所有人都有相同的可能性成为被害人，但这很容易暗示，被害人对他们遭受的犯罪行为也应承担一部分责任。这显然不是此类研究的目的。

此类研究探索的问题是，是什么让人们尤其容易成为被害人。这涵盖许多问题，包括在获取性犯罪中，钱财是不是最大诱因，或从许多不同角度来看，被害人自身是否可以被视作对潜在罪犯有特别的“吸引力”。另外，主动接近潜在罪犯也提高了成为犯罪目标的风险。个人的生理或心理弱点是一个更深远的问题。如果他们是老幼病残人群，或有学习障碍，那么暴露在危险环境下，他们会更容易受到侵犯。这些问题对于如何保护弱势

群体有一定的意义，无论他们是在押犯人还是守法公民。

结论：监狱的问题

可能收押罪犯的众多机构大大缓解了非常突出而又棘手的问题，包括设立监狱以及管理受到指控的男性和女性的目的是什么，以及各式各样的管理策略是否能有效达成它们的目标。不同的国家对于设立监狱的目的，以及在什么情形下需要把罪犯关进监狱有不同的理解。心理学家一马当先，孜孜不倦地研 97
究着监狱的影响，并推动越来越多的对在押和出狱犯人的心理干预，从而改变他们。

一些相关生活经历，比如结婚生子，获得一份正当职业，会让犯人在生理和心理上更加成熟，这些是最有可能让他们摆脱犯罪的生活方式。一些人也从罪犯的名单上被除名，因为他们已经扎根在犯罪之中，以至于余生都在监狱中度过。所以一个偏激的观点就是，任何治疗手段都无非是一种控制的过程，在这之中罪犯年龄渐长，认识到自己要么是犯罪手段不对，要么缺乏出色的身体素质或相关的心理学知识来实施犯罪，或进行反侦查。

尽管毫无疑问有人被关入监狱会从中获益，尤其当参与一些治疗项目或其他形式的教育或培训时，在利用监狱作为矫正机构方面却有一个根本的问题。监狱与其他管理机构有很大的区别，某些特定的军事机构和宗教组织可能例外。因此心理学的应用必须兼顾对工作人员的支持和对环境的监控，以此保证监狱顺利运行（正如我的一位警官朋友生动地描述道：“保证车轮一直转动”）。心理学家也需要帮助罪犯应对他们身处的苛刻而陌生的环境，任何文明社会都不允许犯人因太过抑郁而自杀。

各种各样的项目和课程在监狱找到用武之地，来帮助罪犯变成合格公民。大多数成功的项目都是以认知行为疗法的某一方面为基础。这要求罪犯改变他对女性或潜在被害人等重
98 要问题的思维方式，也要改变其行为方式。这些项目的难点则是它们必须在一定程度上根据犯人的供述和他的罪名而接受评估。罪犯很有可能只是学会正确的回答方式以及如何避免被捕。

当一个罪犯有明显的精神疾病时，帮助他的难点可能更多在于治疗方式。在许多国家，这种人被收留在精神病院等机构，即便这些机构的工作人员很可能也是警察队伍的成员。这类机构在组织和个人层面都带来了特别的挑战。

这些矫治方法的优势之一是，它们将罪犯也当作被害人，他们的创伤经历也需要被治疗。然而，帮助被害人的过程在非罪犯身上更为活跃，与一个名叫“被害人学”的新兴学科相关。该学科研究人们身上是否有某些方面使他们更容易成为被害人，同时也研究出了一些帮助被害人克服受害经历的方式。

为了使罪犯假释出狱，或从精神病院中出院（在精神病院中罪犯的刑期是不确定的，他们在被认定为安全以前都不允许出院），需要仔细评估他们的危险程度。心理学家已经设计出系统
99 化量表来开展这些评估，但仍面临重重困难。

第六章

参与执法

人们通常认为司法心理学隶属于警务工作，但事实上，执法工作是心理学家最近才涉足的领域。你或许以为，警察在正式入职之前必须具备有关犯罪诱因的知识，并且也会接受培训，从更普遍的角度分析罪犯。但实际上，全世界的警察培训往往只注重法律知识和执法过程。直到1990年代，心理学才开始被应用到执法机构的工作当中。人们对“犯罪心理画像”的极大兴趣对此起了促进作用——这种观点认为，心理学家就像是再世的歇洛克·福尔摩斯，利用对人性的洞察来驱散罪案疑云。虽然这种虚构令人无比激动，但它却是对事实的夸大和扭曲。正如本章将要讨论的那样，警务工作以及心理学家对警务工作做出的贡献，与这种虚构并没有太多关联。

案件侦查

在一个典型的侦探故事中，侦探必须在一小撮有嫌疑的人中 100
做出选择。通常情况下，有嫌疑的人会被限制在一座孤立的房子里，或在一艘船上，一列火车上，或者一个孤立的小社区内。即使在嫌疑人数量很多时，为了让故事线一直在可控范围之内，作者也会让警察在一整套相对直接的情节更迭中找到凶手。在破案过程中，一些警察队伍中或之外的有趣角色，往往会带来一些突破性进展。现如今，这种角色很可能是某些科学家或“心理画像师”。侦探小说很少通过记录和其他信息源来展现漫长、艰苦、耗费精力的调查过程，这个过程才是大多数案件侦查的实际情况。正如一位侦探带着些许情绪向我提到过的那样，侦探小说也不会写道，警务工作人员需要处理海量的书面材料，填写大量表格。

在真实案件中，如果没有明显的犯罪嫌疑人，侦探在最终把最有嫌疑的人带上法庭之前，需要经历繁复的环节。他们必须决定去哪里寻找嫌疑人，并列出嫌疑人表。举个例子，他们可能会在警方记录中查找曾经犯过类似罪行的人，或有犯罪动机的人。之后，他们必须筛选列表，缩小目标范围，来进行更精细的排查。这可能包括，核查案发当时嫌疑人当中是否有人正在服刑，是否有人出国，或已经死亡而没有记录。经过这轮筛选的名单会按照某种顺序排出优先级，以便对每一个有嫌疑的人开展更为密集的排查，确定他们是否有确凿的理由或其他证据来为他们摆脱嫌疑。

所有环节都需要搜集信息，分析信息，研究信息的含义。换
101 句话说，这个过程会一直重复直到案件侦破。在第一个阶段，人们可以获得案件发生或可能已经发生的信息。这些信息通常是比较模糊的，即便发现一个人拿着枪站在尸体旁边，调查人员仍需要向法庭做出完美的证明，这个人是蓄意开枪杀害了被害人。在其他案件中，对于事实的解读甚至更复杂也更困难。

图10　谋杀作案现场照片　　102

案件侦查的各个方面——搜集事实信息，分析信息，再按照信息的含义开展下一步活动——都需要心理学家的支持。随着心理学家广泛参与到这些活动中来，一个新的应用心理学领域出现了，我将其称为“侦查心理学”。这个领域已经得到认可，并且全世界有越来越多的警务机构设立了侦查心理学部门，许多大学也已经开设了这门课程。

改善信息组织

警察的侦查是围绕信息开展的。信息可以是之前发生过的犯罪或罪犯记录，监控观察，犯罪现场的照片，或与被害人、目击者以及犯罪嫌疑人的谈话。作为科学家，心理学家主要负责搜集信息和分类整理。因此他们有许多方式来帮助侦查人员更有效率地搜集数据和信息。

一个简单的例子就是，警务人员会得到一份精心设计的检查清单，而不需要进入被入室盗窃的房间并记录下一切他认为重要的信息。准备这样一份检查清单很大程度上得益于从大约本世纪开始心理学家在设计调查问卷方面的专业知识。只有一些警务机构利用了这一点，结果便有了许多这样的检查清单，它们繁
103 冗复杂，含混不清，并不像心理学家设计出来的记录工具那样可靠。但是警察逐渐明白了这些困难。一个高级警官计算得出，以他的警力来说，他们每搜集到一份额外信息，就需要多雇用一个人。因此一份有效率的数据搜集草案能带来直接的经济效益。

改善询问

警察工作的核心是对证人、被害人以及犯罪嫌疑人进行询

问。哪怕是盘查过程，或调查一起交通事故，都需要警察提出问题并记录回答。询问是一个非常基本的心理学过程，它以个体之间的交流为基础，因此已经有相当多的研究来探讨在许多不同情况下应如何对其进行改善。在英格兰和威尔士已经有了标准化的警察询问过程，它们以询问发生过程中的心理学分析为基础。

询问的核心分为两个相关方面。第一，尤其需要注意的事实就是，在一次调查询问中，受询者始终在尽力回忆已经发生的事。第二，询问者和受询者之间的关系必须开诚布公。

自心理学从医学和哲学中分离出来开始，记忆就是第一个需要研究的心理活动。这些研究表明，正如我们之前提到的，记忆不是被动衰退的印记，它并不像被阳光直射的水彩画，随着时间会逐渐变得模糊。相反，记忆是一个重建的过程，它整合了许多经历片段构成一个整体。它本质上是一个主动的认知过程， 104
因此一个名为“认知询问法”的过程已得到应用，来帮助改善目击者对于重要事件的记忆。它包括大量的提示：

- 创造相互理解的感觉；
- 用专心而主动的方式聆听正在讨论的内容；
- 允许回答者尽可能自由地回忆；
- 确保问题是开放式的，不允许只用“是”或“不是”来回答问题；
- 花时间来理解回答内容，如果有必要的话就暂停；
- 不可打断回答；
- 检查被给出的解释的细节；
- 尽可能重构被描述的事件的原始语境。

实验研究表明，以上这些要点的确引出了更多的信息，但对于调查而言，这些信息的价值程度却难以确定。这些研究往往低估了询问的第二个重要方面：询问者和受询者的关系。在一所大学实验的临床环境中，并不会出现与目击证人坐在警察询问室时面临的相同压力和先入之见。与受询者建立相互支持的工作关系，且能够一直引导受询者把记忆中的事都表述出来，这些对于警察而言或许是很难培养的社交技能。

当受询者是嫌疑人时，情况就更加复杂了。警方的认知询问假定受询者会发自内心地尽力回忆，这在嫌疑人身上显然不成立，即使有些情况下嫌疑人也的确需要帮助回忆。在这种情况下，与询问者的良好关系就更加重要了，但如果嫌疑人不愿配合，那么就要采取一个非常不一样的询问方式了。

一些研究探究了哪些询问方式最能促使罪犯配合，迹象表
105 明这要看证据对他们是多么不利，这是意料之中的事。犯人实际上很少在受询过程中调整他们对事件的讲述，警察对此会感到不满，这种不满反映在了他们想尽办法来迫使罪犯认罪的需求上。与英国相比，美国对于询问犯人的法律更加宽松，因此在美国有很多诱供和逼供的策略。然而，这些策略产生虚假供述的风险远远高于任何可能的证据力，所以必须对它们的使用进行十分严谨的评估。

目击证人证言

当目击证人指认罪犯的时候，这一对证人证言有效力度的挑战就变得尤为重要。这类证言影响非常大，特别是提交给陪审团的时候。然而，过去二十多年的大量研究证实，目击证人的

证言可能存在漏洞，即使目击证人对他们的指认非常自信。研究表明，除了目击证人证言可信度自身具有非常明显的局限性以外，比如案发现场的光线强度以及目击者在案发现场所处的时间长短，案件本身的某些方面也能够扰乱记忆。

被提出最多的扰乱因素来自所谓“武器聚焦”。这个观点认为如果出现了一件武器，比如一把枪或一把刀，那么被害人或目击证人会陷入迷乱，将大部分注意力放在武器上面，从而很容易忽略罪犯的其他特征。案件造成的创伤也能够产生许多影响，这会强化个体对案发当时的意识，从而改善他们的记忆，或使他们把注意力集中在使指认更加困难的方法上。

嫌疑人辨认的具体方式适用于简便易行的实验室研究。研究也的确显示，目击证人可能不知不觉间被引向选择那些负责 106
嫌疑人辨认程序（如嫌疑人辨认队列）的组织者所认为的罪犯。目击证人即使不确信谁是罪犯，也会感受到当场须做出某一抉择的压力，而这也通常导致正义的误判。这些效果可能不是显而易见，正如最近的研究显示，如果负责辨认程序的人身着制服，比起不穿制服，更容易让儿童在嫌疑人辨认队列中做出选择。因此，有关该如何让目击证人进行身份辨认与指认的建议被提出，例如，负责身份辨认与指认程序的组织者不应知道谁是真正的嫌疑人。

近年来，大多数针对询问和目击证人证言的研究采用了科学的实验研究方法，这引起了广泛的讨论，讨论主题是这类研究结果在多大程度上能够应用于实际警察调查。实验的人为性引发了人们对于它们帮助警察询问的价值的疑问。问题就在于， 107
日复一日的警察工作带来了诸多压力，建立许多被推荐的程序

图11　嫌疑人列队辨认现场

是相当困难的，不论它是认知询问法，还是特殊的列队辨认嫌疑人。并且，虽然在警察局中嫌疑人和目击证人是可操控的，但当他们在警局之外的时候，比如在前往警察局的警车上，管理他们被如何对待就变得非常困难了。

易受影响的证人

一些证人或被害人被认为尤其惧怕询问过程的压力。他们包括儿童、患有学习障碍的人，以及残疾人和老年人。他们对正在参与的法律程序的认识，对所问问题的理解，或者他们对自我陈述的理解，可能不像大多数成年人那样成熟。易受影响的证人也极容易受到权威人物的影响。也有证据表明他们对事件的记忆很可能不像大多数人那样好。

因此，为了保证这些证人不被调查和法律的环境过分影响，许多方法应运而生。它们包括认知询问法的高级版本，以及其他针对询问应如何开展的专门指南。在法庭上，有时会给儿童使用闭路电视，这样他们便不会被法庭的气氛吓住。

测　谎

一旦受询者有理由不陈述事实或不配合调查，尤其当受询者是罪犯的时候，就有了测谎的需求。这比大多数人理解的要难得多，即使在一些场合下依赖测试个体生理反应的技术（心理生理测谎技术）取得了些许成功。难就难在每个人都需要时不时地不 108
说真话，因此成为一个令人信服的说谎者是人们的基本能力。更进一步说，如果一个人相信他所说的就是事实，那么他说话的方式与他给出真实陈述的情况可能没什么不同。换句话说，说谎并不是某种少见而奇怪的行为，不可避免带有讲故事的痕迹。

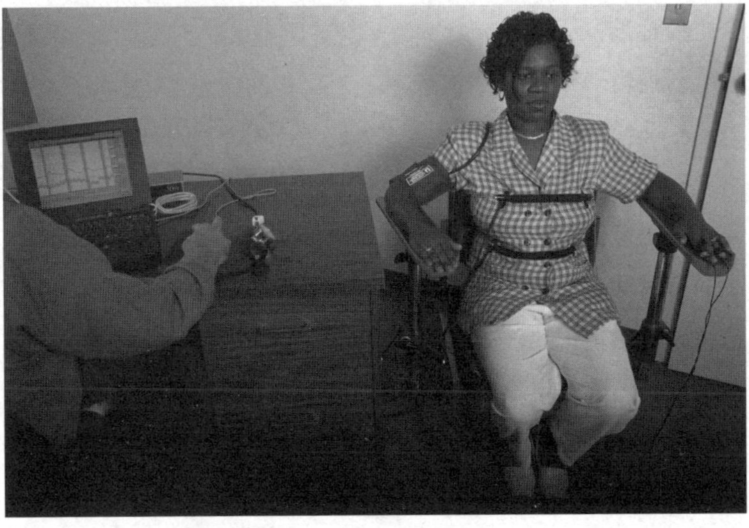

图12　使用心理生理测谎技术

尽管如此，如果某人想要持续撒谎，那么人们还是会对他提出某些要求，理解这些需求对于检测谎言就有很高的价值了。回避事实的最大压力就是谎言是杜撰出来的，它需要发挥想象力。这就是为什么老到的骗子会依据某些真正发生的事来捏造
109 谎言，不然他们根本就不提供任何信息。因此回避事实——换句话说，不愿回答或详细说明事实——是谎言的主要标志之一。

一旦某人准备做出某种说明，那么确定其可信度最直接的方式就是，看它是否合理并符合其他已知事实。与事实不一致加上缺乏合理细节是有效的标志。为了确定一些可被预测的有效信息的种类，对检查书面陈述有特别意义的检查清单已经开发出来。有的国家已经采用了这些检查清单，尤其是德国，已经使用它来检查儿童对性虐待的陈述。最广泛引用的是“陈述有效性分析”（statement validity analysis, SVA），它借鉴了标准内容分析（criteria-based content analysis, CBCA）。它使用下列13个主要标准：

- 逻辑一致性
- 非结构化产出
- 细节的数量
- 语境嵌套性
- 对互动的描述
- 对话重构
- 预测外的难题
- 不寻常的细节
- 冗余的细节
- 受询者心理状态归因研究

- 自发的修正
- 承认缺失部分记忆
- 提出怀疑

撒谎时的情绪压力

谎言的衍生品“认知负载”，以及被戳穿的影响，能够在撒谎者身上引起一种情绪反应，许多目的性测谎手段正是利用这种反应来识破谎言。一些测谎手段声称能够利用非语言线索，比如坐立不安以及语速明显放缓，但问题在于你要知道对于被测谎的人而言什么样的状态才是正常的。如果他一向坐立不 110
安，说话慢条斯理，那么他说谎的时候可能会说得更快。情绪激活（专业术语叫作“唤醒”）的直接措施取得了更大的成功。这之中最广为人知的就是所谓“心理生理测谎技术”（polygraph），它们可以通过同时检测大量指标来检查被测谎者的唤醒水平，比如心率、呼吸频率，以及皮肤电反应探测到的出汗量。这些指标一开始体现在用一组笔在一张纸上画下各个波动图，这也是为什么它被称为“poly-graph”（意为“多个图片”）的原因。

测谎过程包括提出一系列问题，之后确定测谎对象是否对某些问题有明显的情绪反应，对其他问题则没有。最有用的问题集被称为“犯罪知识测试”，包括一些无关紧要的问题，比如今天是周几，同时夹杂一些与只有真正犯罪的人才知道的事情相关的问题，比如犯罪现场的特征。研究表明当测谎对象无罪时，这种方法确实起到了证明作用，但当测谎对象可能有罪时用处就小得多了。换句话说，并没有很多无辜之人看起来有罪，但很多看起来有罪的人实际上是无辜的。有趣的是，这种方式的作用之一已被证实，就是一般情况下，相信谎言可以被测出的罪犯，会在测谎过程中认罪。

其他提问的形式和技术宣称可以从声学角度（语音压力分析）来评定压力，这种方式也有广泛运用，但能证明它们有效性的科学依据少之又少。最近也有人表示可以运用特殊手段直接测量脑部活动——有时被简单称为“脑纹识别技术”。如同其他手段一样，它有两方面缺陷。其一，提问者和回答者之间是否能够建立起一个有效的并且相互信任的融洽关系。其二，询问过程导致的情绪唤醒，可能会让无辜的人看起来有罪。更困难
111 的是，对仪器反馈的关注可能会使提问者分神，不能认真聆听讲述，因此不能辨认讲述中的迷惑和矛盾之处。

在实验中测试者或许可以使用一些生理测量方法，来可靠地确定一些简单问题，比如测试对象是否坦白他们手握一组纸牌的真实情况。推销测谎技术的商业公司会发起这种实验，来展现它们万无一失的特点。但这样的“谎言”与嫌疑人确切说明案发当晚的所作所为相去甚远。

询问还是审讯？

许多警务人员，包括大部分普通人，有时会认为对嫌疑人进行询问的目的是让其认罪，或得到一些关键信息，比如同伙的名字。以这种目的开展的询问被称作“审讯”。因此，人们对心理学家在审讯过程中的意义出现了一种错误认知，认为心理学家能帮助审讯人员获取供述（“to get a cough”）。然而，绝大多数心理学家认为这并不恰当，有失道德，并且是极不理智的。对此，一个极端的例子就是，美国心理学协会想要取消在关塔那摩

监狱可能对拘留犯人严刑逼供的心理学家的执业资格。

因此，尽管前联邦调查局探员和其他人都有过一些提议，来促使罪犯在审讯中认罪，但心理学家基本上认为这些提议的效果会适得其反。它们会导致对信息的错误理解，并且其中大多数极容易驶向为法律所不能接受的范围，因此不值得冒险。此外，前文已经提到过，获得真实信息的最好方式是与嫌疑人建立合适的关系，并让他清楚有哪些证据指向了他。如果证据不足， 112
那么最好把更多精力放在搜集证据上，而不是依赖高压审讯。

在一些案例中，各种各样的“吐真剂”也被使用，比如阿米妥钠或硫喷妥钠，这些药剂存在和其他逼供手段一样的问题。受讯者或许会交代更多信息，但他们也会在无意识的情况下把事实和幻想混淆起来。大多数国家和地区不允许使用这种药剂，并将它们视作酷刑。

使用催眠术作为增强询问技巧并不像严刑拷问那样遭受相同的诟病，并且已经在证人身上有了成功运用。但是，毕竟不能保证回答者在催眠状态下说的都是真话，也不能保证他们的供述不受催眠师影响。出于这种原因，许多国家有严格的条条框框，来限制催眠术在司法领域的应用。如果不是极特殊情况，一般不会选择使用这种手段。

虚假指控

第四章法庭心理学部分探讨了虚假供述，与此对立的是虚假指控，这也是警方调查真实存在的一个困难。这包括，儿童指控他们遭受性虐待，或老年被害人谎称他们遭到了侵犯。对于儿童，可以通过陈述有效性分析来发现这个问题，但这种手段在其他情况中的效果就不那么明显了。

一些在治疗过程中出现的，并且以记忆复原的形式呈现的指控是特别具有争议性的，在前文已经解释过了。但在许多其他案件中，尤其是指控强奸和性骚扰的案件，核实指控是否虚假相当困难。难点在于，以往性侵被害人被残酷对待的方式冲击着许多社会观念。这导致了另一个极端，即认为某个强奸指控
113 为虚假指控会被视作政治不正确。然而，有一些证据表明，约有三分之一的强奸指控并不确凿，但没有大量精确的科学研究的话，也很难给这种情况下定论。不过，这种情况与最初的强奸报告中最终被定罪的比例非常小有关。

有效推理和犯罪心理画像

案件侦查过程的第二个阶段是以搜集到的信息为基础进行推理。专家会根据推理提出建议，表明哪些地方可能得到更丰富的间接线索，以及哪些人和数据对于破案最有帮助。如果某起案件的实施过程没有留下太多直接线索，也就是说，如果没有多少法庭证据能够拧成一股绳把犯罪凶手拖出来的话，那么侦探不得不发挥一些想象力来辨认凶手。于是，被传得神乎其神的“犯罪心理画像”经常出现在众多侦探小说之中。

在1980年代，“犯罪心理画像”这一概念被用于提出假设的过程，包括罪行是如何实施的，以及什么类型的人会犯下这一罪行。看待犯罪心理画像最直接的方式就是，它试图对为什么人们会犯罪做出些许解释，并在某种意义上逆推这些解释。因此从最基本的方面来说，如果我们认为脑损伤会导致某人变得非常暴力，而同时我们正在调查一起暴力犯罪案件，那么我们或许

会假设犯罪凶手是某个存在脑损伤的人。然而，这个例子清晰地表明，把许多对于犯罪的解释用作推理罪犯的基础很难站得住脚，正如第二章所讨论的那样。千千万万存在脑损伤的人没有犯罪，而千千万万的暴力人群并没有明显的脑损伤。

即便如此，“心理画像”很快成了小说作家的素材之一，并不断地激发公众对其在真实案件中的应用的想象力。直到1990年 114
代中期，记者们还会在任何重大警方调查中问道：“你们有没有启用心理画像师？”然而，如同在第一章中提到的那样，很多人认为心理学家能够进入罪犯的脑子里来侦破案件，这个观点太不现实了。

因此，心理学在犯罪领域的应用以凭借为系列杀人犯作心理画像来帮助警方抓获他们这一观念被宣传得最为彻底，这更多归功于小说而不是现实情况。很少有人意识到这一点，小说描绘的心理画像师们，不过是以歇洛克·福尔摩斯为灵感、各种天马行空的侦探的再现。为了让小说更精彩，很关键的一点就是这些通常刚愎自用的“心理画像师”们被描绘成天才，他们出人意料的真知灼见串联起了警方调查，为案件侦破做出了至关重要的贡献。但是，小说忽略了一个现实，警方调查是许多相当复杂的展现过程，它们需要经历很多阶段。了解一个未知罪犯的性格或人格，对于破案没有太大的意义。

有一个案例被广泛引用，作为精通犯罪心理画像的早期例证，这个案例很好地表明了一个事实，即犯罪心理画像往往不像文学作品中描写的那样神乎其神。在1951年前的十六年间，一些自制炸弹被放置在了纽约的几个公共场所。炸弹安放者给报社写了好几封信，信中清楚地写着联合爱迪生燃气公司对他有过卑劣的行为，他正在进行复仇。这个炸弹安放者被称作“疯狂炸弹人”，警方不能定位他，只好向詹姆斯·布鲁塞尔博士求助，后者是纽约的一位精神病专家。他声称“通过研究一个人的行为，我就能推断出他是一个什么样的人”，这就是“犯罪心理画像”的雏形。

布鲁塞尔对可能犯罪的人做出了详细的描述，包括对他的
115 体型和受教育程度的整体描述，以及其他耐人寻味的细节，比如他从来没有走出过俄狄浦斯情结阶段，以及经常被提到的一些描述，比如“疯狂炸弹人”被捕时将会穿着一件扣住的双排扣正装。当乔治·梅特斯基最终对爆炸案认罪时，人们发现布鲁塞尔对梅特斯基的整体描述乃至衣着细节都非常准确。而梅特斯基的俄狄浦斯情结则没有被公开测试。

布鲁塞尔出色的预测很快被认定是犯罪心理画像的开端，激发了公众的想象力，这似乎被当作新一代心理学侦探的能力之一。但是，仔细推敲的话，布鲁塞尔的心理画像似乎对于警方调查以及指认梅特斯基没有起到一丁点帮助。布鲁塞尔博士最有用的地方就是鼓励警方不要把炸弹和信件的消息封锁住，而要公布于众。这些报纸的报道倒是让联合爱迪生燃气公司的一名职员仔细查阅了在赔偿申请中做出威胁的员工文件。梅特斯基的文件中有一些信件，它们与“疯狂炸弹人”的信有大量的相似措辞。

系好的双排扣正装也是一个没什么用的预测，因为在那个年代绝大多数男人都穿着双排扣正装，并且很少有人不系扣子。事后来看，我们可以发现布鲁塞尔的工作价值在于他对警方应如何开展他们的调查做出的指导，而不是对爆炸者的俄狄浦斯情结的推断。

因此，我们必须认识到，根据犯罪现场的有用信息，或从证人和被害人口中得来的信息，对罪犯进行心理画像推断，比获得一手信息还要难。但是，自从布鲁塞尔首次尝试以来，已经涌现 116
出更多比较可靠的心理画像，比如联邦调查局探员尝试基于个人经验和见解来开展类似“心理画像”。一个蓬勃发展的科学领域正在围绕着侦查心理学的核心发展起来，后者展示了如何做出可靠的推论。对于已侦破案件的研究表明，在纵火案、强奸案甚至入室盗窃案中罪犯的可能行为，与其生活的其他方面之间存在可察的一致性，这种一致性可能让警察找到他。

抛开“犯罪心理画像”给文学作品的增色不谈，事实上，从对罪犯性格的推论中得出的指导都是很平常的，并且最大的用处就是为如何开展侦查工作提供建议。这包括应该搜寻哪些罪犯信息来生成嫌疑人名单，可能描绘出罪犯形象的技术和社会背景（这或许对于警察从其他信息来源中挖出罪犯有所帮助，比如挨家挨户走访排查），以及对于罪犯精神状态的分析，和某些精神疾病记录的可能性。之后心理学家也会进一步对如何以犯罪案件推论为基础，对嫌疑人进行恰当的询问做出思考。

为侦探提供指导的本质在于从案件中已经发生的情节中做出推论。我将其核心论点称为“一致性原则”。罪犯在案件中的行为与非犯罪情形下的行为应整体上相一致，即使在案件某些情节中他们的行为非常极端。就此涌现了许多有思考价值的建议，它们可以被表述为五个主要问题：

1）案件表明罪犯具有何种水平的智力和知识？

2）罪犯是有周密的犯罪计划还是一时冲动？ 117

3）罪犯与直接被害人或间接被害人有怎样的互动？

4）罪犯的行为表明其对犯罪场合或环境有怎样的熟悉程度？

5）罪犯有怎样的特殊技巧？

有趣的是，考虑案件整体原因时通常会忽略犯罪的一些有关信息，以上问题对这些信息都十分关注。即便是在治疗机构矫治罪犯的时候，实际的犯罪细节通常也不会被过多讨论，而是着眼于罪犯大体上的人格特质。如果讨论罪行，那么只会依据罪犯的讲述而不是警方获得的详细客观的信息。

心理尸检

当死因不明时，会采用一种非同寻常的方式来对一个人进行推理。如果警方对于某人属于自杀、意外死亡还是他杀存有疑虑，会采用这种方法。在这种案件中，为了弄明白发生了什么，会尝试建立死者的性格模式。尸检工作不是针对死者的遗体，而是针对他的心理。这可以通过死者遗留下来的信件、日记、博客或电子邮件，以及和所有认识死者的人的谈话获取。

这不是一项容易的工作，尤其在自杀案件中，因为如果某人自杀，那么与死者密切相关的人可能会有些许罪恶感，从而急切地建立不利环境。如果正在进行的是谋杀调查，那么在调查所有认识死者的人的过程中也可能存在一些法律障碍。控方和辩
118 方很可能找到不同的证人，而这些证人的观点会相互矛盾。

有一个经典案例表明关于死者的推理会充满混乱。1989年，美国海军战舰“俄亥俄号”的一个炮塔发生爆炸，导致炮塔内的47名船员死亡。联邦调查局（FBI）探员对这起案件和炮塔中的人开展了所谓的“模糊死亡分析”。分析结果为一位名叫克莱顿·哈特维希的船员开枪自杀，引起枪支爆炸。随后，美国心理

学协会成立了专门工作组来复查FBI的调查以及相关线索。他们不认同FBI的报告，而且并非所有人都认同哈特维希自杀这一看法。之后对报告中的枪支进行了更细致的技术检查，发现这把枪意外走火，这才导致了爆炸。后续一系列调查又反驳了FBI的结论，这种情况表明对模糊死亡的调查是有多么复杂。

犯罪地理画像

心理学与地理学结合后，产生了一种分析犯罪信息的方法，被称为“犯罪地理画像”，这是侦查心理学的一大成果。“决策支持系统”是犯罪地理画像的核心，把它与“专家系统”加以区别有很大意义。在1990年代，人们天真地认为计算机很快就能像人一样思考，并且技术人员可以编辑一些程序，使计算机代替人类，像专家一样做出决策。计算机工程师极大地鼓动了这种科幻小说一样的幻想，他们得到了大笔研究资金来追寻这一“圣杯”。但正如许多心理学家预言的那样，人们很快就发现，除了在极个别情况下，计算机不可能真正复制人类专家的思维过程、知识以及丰富经验。

稍显温和但仍旧非常有帮助的是，一些计算机系统在那次
发现之后开始浮出水面。这些系统能够帮助专家做出更明智的 119
决定，它们因此被称为“决策支持系统”。它们的任务就是整理搜集到的信息，并分析信息的某些方面。这有助于专家发现埋藏在信息中的一些固定模式，并且依据自己的经验和训练，对这些模式进行解读。你我许多人都体验过这类系统的成果，比如我们需要提供信息来检查信用卡的使用情况。计算机系统可以辨别出，你想要花一笔钱，但这笔钱对你而言数额巨大，或者你

在采购的某些东西或购买地点不同于你的通常行为。这会提醒各种各样的人来仔细调查你和你的购买行为，所以你会被问到一些关于你母亲的娘家姓，或你最喜欢的书之类的问题。

信用卡验证的例子是决策支持系统的一种很有趣的说明，因为它基于一个观点，即人们的习惯应该是合理一致的。因此现代计算机完全有能力来计算某人购买行为的合理数额、地点以及类型，一旦出现超过这些范围的购买行为就会发出警报。在一些国家，尤其是美国，税收机构进一步深化了这种思路。它们会通过公式计算不同职业的人最合适的纳税申报表。如果纳税数额与公式结果有较大出入，那么该人的账户就会被严格审查。

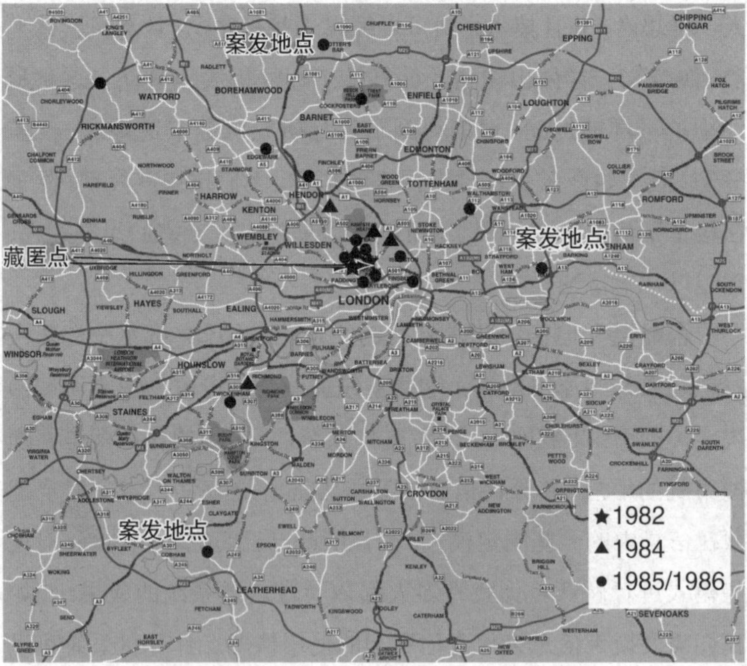

图13　系列谋杀案发地点和罪犯藏匿点标识图

犯罪地理画像系统的工作原理和这些决策支持系统类似。它们大多数应用于多次犯罪的罪犯，其假设为，如同我们在某个地区倾向于去某些特定的商店一样，罪犯也喜欢在特定区域实施犯罪。当然，并不是所有罪犯都是这样，好比我们不可能总去逛一样的商店。但是最突出的发现就是，许多罪犯决定实施犯 120
罪的地点呈现出高度一致性，这是找到罪犯藏匿地点的一个良好的着手点。

犯罪地理画像系统用多个步骤实现了这一基本原理。首先，假设罪犯距离藏匿点越远，其犯罪的可能性越小。其次，如果罪犯在藏匿点周围发生犯罪的机会相对平均，那么案件很可能就发生在罪犯藏匿点周围。这两个假设的结果就是，如果已知一系列案件是由同一个罪犯实施的，那么他很可能就藏匿在这些案件发生的区域之内。一个被广泛引用的“圆周假设”被用于概括这种思路。如果以发生地点相距最远的两起案件的直线距离为直径画一个圆，那么罪犯藏匿点很可能就在这个圆的 121
里面，且很可能靠近圆心。值得一提的是，研究表明，这个假设在大多数犯下五起案件以上的罪犯身上成立；当然这意味着对于大量罪犯而言，这种假设效力并不高。

“圆周假设”是原始假设的一个相对简单的发展。人们已经开发出了更加复杂的运算方式，它们运用植入决策支持系统构图软件的概率运算，比如恰如其名的“法网”系统（Dragnet）。世界各地有越来越多的警务力量开始使用这种软件。

关联系列犯罪

获得关于罪犯的信息越多，案件侦查就越顺利。因此，如果能确定一系列案件是由同一个罪犯实施的，那么这个“系列”就能大大提高案件侦破的概率。这也可以通过“相似事实证据”来让指控更有力度。如果一个陪审团认为一连串犯罪是一人所为，尤其是诸如强奸案等特别注重是否同意的案件，那么他们就更有可能判决被告有罪。

并不是所有犯罪都能够通过证人的描述、指纹、毛发、DNA或其他线索被顺理成章地联系起来，因此可以通过行为理论的方式来尽力使它们关联起来。这种方式在一些行为非常怪异时相当可靠，比如一系列强奸案中的某一起，罪犯把他的手塞到被害人的嘴中来堵住她的嘴。但这种方式的确需要一些关于各种各样的行为在被关联的案件类型中有多么普遍的知识。因此一套巧妙的数据计算是非常有必要的。

122 然而有趣的是，对于许多犯罪，其案发地点是辨别它们是否可能为一人所为的良好指示。这在少见的如强奸陌生人的案件中是这样，而在一些比如入室盗窃等更普遍的案件中也是这样。

系列和狂欢杀人犯及大规模屠杀者

实施侵害成为罪犯的路径不止一条，而且任何犯罪的种类——比如谋杀、抢劫或诈骗——都有许多变种，任何一种都有非常不同的作案凶手。因此，任何基于罪犯性格假设的对警察工作的指导都必须从区分犯罪类型的各个方面出发。为了解释这一点，我经常被要求“给一个系列杀人犯进行犯罪心理画像”，虽然这些十恶不赦、令人惶恐不安的杀人犯十分少见，但各自也相当不同。没有任何一种“心理画像”能够囊括所有情况，对于所有罪犯都是这样。我们需要非常细心地考察罪犯细节，从而尽力确定某个特定罪犯具有怎样的特征。

对于系列杀人犯，需要对在一起杀人案中杀害许多人的凶手（我想不出这其中有任何女人）和在不同时间点杀害了许多人的凶手加以区分。科隆拜校园枪击案是一起广为人知的屠杀案例，但悲哀的是，还会有其他人可能在一次突发事件中枪杀许多人。这些狂欢杀人犯几乎最终都在他们的暴行中被击毙，或在杀人结束后开枪自裁。因此他们的行为最好被看作一种极端暴力的自杀方式。他们和其他自杀者有许多共同之处。他们性格孤僻，往往极度抑郁，但他们也会向在其眼中导致他们缺乏自尊的人，或伤害他们的人泄愤。他们想要发出声音并引起他人的注意。通常情况下，所谓“他人”是某个普通群体或机构，比如学校、快餐店、某个公司或某个社区。这些杀人犯与自杀式炸弹袭 123
击者有很多相同点，即使后者用意识形态粉饰了自己的愤怒情绪。

在一段时间内杀害他人的罪犯（主要为男性，也有一些女性案例）是一个更复杂的罪犯类型，他们在每起谋杀案间会有一个“冷却期”。如果他们杀害了三人以上，并且每起杀人案件有间隔，那么大多数专家会将他们称为“系列杀人犯”。然而，在这个术语的范畴下还有许多不同类型的凶手，他们包含“谋财害命”的人。这种凶手的许多著名案例都发生在维多利亚时代或更早。最令人毛骨悚然的莫过于伯克与海尔，他们为了向新兴的解剖学院贩卖遗体而杀人。正如我写到的，在伊朗，一个名叫马欣的女性被控杀害了许多搭乘她车的无辜之人，她盗走了这些人的财产来偿还债务。在其他许多类似案件中，不得不说，这些系列杀人案发生的原因之一就是，谋杀者发现他们能一次又一次地侥幸逃脱。正如有时所提到的，系列杀人案的一部分原因就是警务人员失职。

即便如此，并非只有那些冷酷无情而且有精密计划的杀人犯能够连续数月甚至数年一次又一次地逃脱抓捕。许多鲁莽的杀人犯看起来是被愤怒驱使，或自认为要完成某项“任务”。他们会特别选择弱小的被害人，比如站在大街上招揽嫖客的性工作者，或者居住在棚户区中随处可见的人。弗雷德·韦斯特锁定了离开家庭的独居年轻女性，她们的家人对她们的下落也不甚明了。这些系列杀人犯中的极小一部分有精神障碍，他们会损毁被害人的尸体，在把人当作物品的过程中获得畸形的满足
124 感。其他人则是由强烈的性欲驱动；他们强奸并虐待落入魔窟的被害人，之后杀害她们以便逃脱侦查。

另一种类型就是大规模屠杀者。他们比系列杀人犯更多样，他们不是在一起暴力案件中杀害许多人，也不像系列杀人犯一样在一段时间内杀害许多人，而是把杀人作为他们更大暴行的一部分。这包括各种各样的种族灭绝和战争罪行。一些专家甚至将1978年发生在圭亚那琼斯郡的大规模自杀事件视为此种罪行，在这起案件中，918人在邪教领袖吉姆·琼斯的引导下死亡。但是，这些思考将我们带进了国家暴力的范围，它们远远超出了司法心理学的范畴，展开了许多伦理和法律的问题。但这种行为的一个方面是值得关注的——恐怖主义。

恐怖主义带来的危险

自从2001年“9·11”事件中五角大楼和双子塔遭受袭击以来，社会对恐怖主义的关注明显增加。核心就是，人们试图理解为什么有人能够以某些抽象的意识形态为名，冷酷无情地杀害别人。从公元1世纪反抗罗马对犹太统治的狂热分子，到13世

纪由伊斯兰教什叶派中分裂出去的暗杀者，到19世纪对抗不列颠在爱尔兰的统治的芬尼亚成员们，再到20世纪初通过刺杀斐迪南大公引发第一次世界大战的恐怖组织，恐怖主义的暴虐行径一直在我们身边。

一百多年以前，米哈伊尔·巴枯宁等无政府主义者阐述了一个概念，认为大多数恐怖主义者会按照书面形式的“契约宣传”进行活动。这概括了许多组织的任务，他们袭击在他们心中有政治或意识形态意义的人或建筑，以期用这种方式对公众意见产生影响，并且动摇政府的稳定。

因此，将恐怖主义者与其他罪犯归为一类或在他们的背景中调查精神障碍，这虽然很诱人，但是从许多研究中必须得到的 125
最有价值的结论就是，除了狂热的传教热情，他们通常和其他守法公民别无二致。他们当中很大一部分人的受教育程度要高于他们所来自的人群。因此，要在他们的同伙和个人经历中寻找他们诉诸暴力的源头。

在研究对陌生人实施暴力的社会和文化背景时，我们也应注意到社会环境在所有犯罪行为中扮演的角色。心理学家倾向于认为犯罪根源在于罪犯的性格，但犯罪的社会和文化根源同样不可忽视。正如在第二章中所讨论的那样，任何犯罪都有某些显性或隐性的社会互动。这些社会互动由伴随罪犯成长过程的人际交往环境塑造而成。单个罪犯的性格不可能彻底解释清楚任何一种类型的犯罪。

拓展视野

自从执法机构意识到了心理学的科学力量，它们就在许多工作当中运用了心理学的知识。已经有各种各样的研究来调查为什么人们会超速驾驶，或什么因素导致了警察腐败。对于那些参与人质谈判或与威胁要自杀的人谈话的人而言，至少需要一些司法心理学和说服心理学的理论指导。当卧底警务人员需要重新回到守法社会中生活的时候，也需要对他们提供心理援助。

并且，尤为重要的是，有关警务人员在工作之中遭受创伤的
126 观念和管理也有了转变。过去，在警察总部会有一个酒吧，受到创伤的警务人员会被要求“像个男人一样”，对他们受到的创伤不能多言，而要把话都倒在酒里吞进肚中。这样一来，毫无疑问的是许多婚姻被摧毁了，而且这些男人退休之后都垮掉了。现如今，许多执法机关会建立一个私密的咨询服务中心，对每一个雇员免费开放。就像吉尔伯特和沙利文的歌中唱到的，人们认识到警察的生活通常并不幸福。

大多数侦查过程中存在巨大的压力，许多警务工作的确结合了咨询或其他形式的心理学支持及介入。人质事件和自杀性爆炸事件是非常典型的例子，在这些案件之中如果没有掌握心理学知识的警察介入进来，会让本来就十分艰难的情况更加棘手。人群控制或处理交通事故是其他压力突出的情况。警察与罪犯交流的过程中也会产生压力，特别是在卧底行动中。因此理解这些压力能够有效避免警察腐败。

这些贡献大多数都借鉴了组织心理学和社会心理学。在组织机构面临的问题上二者有很多相同之处，尤其是需要解决他人痛苦和困境的问题。进而，心理学家在其他机构中掌握的知识越发影响了如何遴选能够承受工作压力的人，以及管理压力环境中的人的有效方式。但令人失望的是，能够真正掌握心理

学常识，并真正有效运用心理学方法的警务人员和其他执法机构中的工作人员还是凤毛麟角。

结　论

在案件侦查的所有阶段中，心理学家都在发挥作用，包括开始调查之前的一系列重要阶段，如指导警员的选择。他们正在 127
帮助建立有效的系统，来搜集和分析调查过程中所有需要的信息。这包括对证人、被害人以及罪犯的询问等各种关键过程的深入分析。

一般而言各种线索可以拧成一股绳，顺藤摸瓜就能最终找到罪犯。线索是各式各样的，比如在犯罪现场遗留的脚印，闯入房间的特别方式，甚至一些没有发生的事，比如在侦探小说的案件中，狗没有叫，这表明它们认识入侵者。但在过去二十五年间激发公众想象的是一些无形之事，比如犯罪风格，这也可以被称为线索之一。这些线索不仅能够指认凶手，而且能够解释他或她的人格中的某些方面。这被称为“犯罪心理画像”。

在实际应用当中，心理学根据犯罪细节对罪犯的推测的价值，远远没有侦探小说描写的那样神乎其神。尽管如此，这些心理学方法的应用已经足够优秀，它们打开了通往侦查心理学这一全新领域的道路。这涵盖了改善证言质量的各种方式，包括测谎手段，管理警察数据的方法，把多种犯罪与同一个罪犯联系起来的方法，以及更广阔的对管理警方调查的贡献。犯罪心理画像是这些内容中的一部分，但随着时间的发展，它的作用必定
式微。 128

第七章

只是伴娘的角色吗？

在之前几章提到的各个领域中出现了司法心理学的一个非常有趣的应用。在其他某个或多个专业领域的范围内，司法心理学家更倾向于做建议者。他们可以帮助侦探开展侦查，给律师的开庭准备工作提出指导，或给法官和陪审团提供意见。他们也可以在监狱中与缓刑犯的监视官一同工作，在精神病院中与负责治疗有精神障碍的犯人的医师一同工作，或参与由社会工作者、精神病科护士以及公务员发起的各种社区项目。看起来司法心理学家一直扮演的是一个支持性的角色，就好像伴娘永远不会站在新娘的核心位置上。

这种情况可能很快就不是主流了，因为司法心理学生机勃勃，正在吸引越来越多的有才之士进入这个领域。在全世界，这是应用心理学发展最迅猛的领域。这导致了一个很有意思的结果：越来越多具备优秀资质的人在司法心理学领域谋求职业发展。选拔过程会倾向于选择最有能力的人，所以一直以来，负责司法心理
129 理学工作的人的效率始终在提升。如同几十年前在应用心理学

领域中发生的那样，尤其是组织心理学、教育心理学以及临床心理学，一开始心理学家只能充当评估人，作为主要人员的附属角色，但随后很快就肩负起管理者或其他的领导职责。在这些崭新的角色当中，得益于各种标准化测验和实验方法，以及不断发展的理论和目标程序，司法心理学的影响已经能够证明它的力量。

仔细研究的传统是所有这些的核心基础。可能就是在更加学术的舞台上，司法心理学家开始独领风骚。为此，他们必须挣脱临床传统的桎梏。对老一辈心理学家来说，这并非易事，但年轻的研究者们并不认为自己是临床心理学的陪衬，他们已经做好准备并且有能力吸收心理科学和行为科学的全部精华。

司法心理学的持续职业化也正在让这个领域日益强大。在二十五年前，任何有心理学背景的人都可以参与法律领域并给出建议。但“司法心理学家”这一术语过去往往被用于指代那些有临床心理学背景，负责处理通过法庭找到他们的病人的人。现在这些传统在一些地方仍旧存在，但英语国家已经建立起了对司法心理学家的严格的职业划分。

英国有一种由法律规定的头衔，叫作“特许司法心理学家”，这是强有力的证明。为了获得这个头衔，你必须首先获得被英国心理学会认可的心理学学位，之后要完成为期12个月的专业硕士项目并被鉴定合格。最后，你必须有两年的应用心理学工作经验，并由已获得该资格的专家监督。和多数其他职业 130
资格一样，培训期最少6年。

未竟的事业

与司法心理学指数爆炸一样的发展相对的是，必须设置大量还几乎没有人涉足的课题，而司法心理学无疑会对这些课题做出贡献。这些课题在前文讨论的所有背景中都有体现。

关于法庭，心理学家越来越广泛地参与到民事诉讼中，比如解决一些有争议性的文件，或处理对写下争议性遗嘱之人理智的挑战。这些情况有时会和语言学家的工作交叉，但在一些案例中，尤其是在家事法庭上，心理学知识能够有效地帮助评定有争议的个体，但心理学家工作的科学基础仍然有待发展。

随着监狱心理学家成为监狱系统中越来越综合、越来越受重视的一员，罪犯管理工作也有了迅猛发展。司法心理学的一个新兴领域就是为不需要入狱的罪犯，以及出狱的罪犯提供帮助。然而，正如我们经常提到的那样，心理学家的角色仍旧只是支持性的，这限制了他们潜在的影响力。

侦查心理学是一个全新的领域，这或许是有最多新问题亟待详细研究的领域了。现简要列出以下几点：

- 为什么人们明明知道某人是罪犯却还要为其做伪证？
- 罪犯愿意通过什么程序进行虚假申诉，请求帮助寻找失踪的但事实上是被他们杀害的爱人？
- 管理愤怒人群的最有效方式是什么？
- 131 是什么样的心理过程导致人们诉诸恐怖主义？

有些人认为司法心理学的内容和应用发展得过快。最初，大多数犯罪心理学负责解决与明显精神问题有关的，具有高度情绪化特点的极端犯罪。但现在被称作“普通犯罪”（volume crimes）的犯罪，比如入室抢劫或盗窃，也逐渐进入了心理学家职责范围。鉴于这类案件仅有十分之一被解决，这一领域潜力巨大。

刑事法庭也是心理学家的主要活动领域，但越来越多的心

图14 就像马克·杜特鲁克斯的被害人的纪念物体现的这样，谋杀案会对整个社区造成沉痛的打击

理学家正在参与到家事法庭和更广阔的民事诉讼中。美国有一些专家甚至能为支持大公司过失的诉讼提供证据，比如管理百货商场的公司。大商场助长了某些种类的犯罪，这些犯罪的被害人因此提起诉讼要求获得赔偿。 132

犯罪的发展并非止步不前，它几乎具有一种生态演化力，能够钻入任何可以提供机会的空子。因此，新技术和全球化都导致了新型种类的犯罪，比如网络犯罪以及国际恐怖主义。一个重要的问题就是，是这些发展吸引了不同类型的人做出这些犯罪行为，还是那些无论如何都会成为罪犯的人改变了他们犯罪的方式？这些犯罪行为给发达国家带来了很艰巨的挑战，因此它们也成了心理学家试图做出贡献的领域。

政策意义

与其他心理学领域不同，司法心理学几乎不可避免地会产生政策、伦理以及法律意义。但现在，议会和最高法院等传统权力机构还不能带着足够的兴趣来聆听心理学家的声音。一部分原因在于，心理学家受训的科学学科低估了他们“成果”的价值和社会意义。

有一个例子可以表明这种顾虑有多么强烈，就是在搜查和机场安检过程中被广泛使用的“犯罪心理画像”。很简单的数据表明，如果X类型的人接受检查的频率比Y类型的人更高，那么从某种角度来看X类型人群中被发现有罪的人的比例就更高，人们从而更加相信对X类型的人的心理画像在这些检查过程中的有效性，由此陷入恶性循环。心理学家应该注意这些问题。他们处于一个位置，在这个位置上他们应该能够公开解释这些问题，并且建立一些流程，来消除各种负面效应，这些负面
133 效应可能是由扬扬自得的预言和对此类预测技巧的幼稚使用所造成的。

在更普遍的层面上，心理学家在促进减少犯罪的过程中贡献相对较小。他们的注意力集中于协助抓捕罪犯，给罪犯定罪，或者为被定罪之人提供一些援助手段。但需要有更多关于犯罪
134 预防是否仅仅是社会、经济或政治问题的心理学讨论。

术语表

actus reus **罪行：**发生犯罪行为（字面意思是“有罪的行为”）

adversarial court system 对抗式法庭体系：经常被称为“控告式”。该法庭体系中，每一方都呈上一个案子（控方与辩方）

algorithm 算法：一个遵循特定序列的数学程序

antisocial personality disorder 反社会人格障碍：一种被列入《精神障碍诊断与统计手册》、具有反社会行为特征的心理疾病

automatism 无意识行为：一种宣称辩护人的行为是自动或无意识行为的犯罪辩护

civil cases 民事案件：与私人权益相关的案件，例如两位自然人之间的争议

clinical psychology 临床心理学：聚焦心理障碍、认知与行为问题的评估与治疗的心理学分支

criteria-based content analysis（CBCA）标准内容分析：一种对话语真值指标进行分析的方法

DNA 脱氧核糖核酸：细胞核内携带每个个体独特遗传信息的物质

expert evidence 专家证言：聘用一个因训练、学养、经验而具备表述专业见解之资质的人对某一对象给出的证言

false confession 虚假供述：承认或供述认罪者并未犯下的罪行

guilty knowledge test（GKT）犯罪知识测试：一种测试有罪或无辜的方法，嫌疑人被要求回答问题，这些问题只有犯罪者才知道正确的可选答案。相对于其他人而言，犯罪者将对正确选项感受更多生理刺激，而无辜的嫌疑人对所有选项都产生近似的反应

instrumental violence 工具性暴力：带有目的的暴力，或有计划、有组织的暴力

jurisdiction 司法管辖权：法庭在任一特定地方的权威

***mens rea* 犯罪意图：**具有犯罪意图/责任（字面意思是"有罪之心"）

post-traumatic stress disorder 创伤后应激障碍：一种由创伤事件引发的焦虑型障碍，导致反复重现创伤事件、回避创伤相关的刺激、更易唤醒等症状

projective test 投射测验：一种呈现模糊刺激的性格测试

psychopathy 精神病态：一个描述人际和情感功能缺陷的临床医学术语

recidivism 惯犯：重复犯罪行为，通常具有新增罪行的特征

reliability 信度：一个与测量的一致性及稳定性相关的统计学术语

risk assessment 风险评估：预测某一个人将来犯罪可能性的程序

risk management 风险管理：遏制或降低有害行为重现可能性的程序

sentence 判决：法院发现某人犯有某种罪行而强制执行的责罚

statement validity analysis（SVA）陈述有效性分析：一种通过考虑证词具体细节从而评测见证人陈述准确性的方法

structured professional judgement 结构化专业判断：评测者采用结构化风险评测工具的一种评测形式

suggestibility 受暗示性：个体被讯问形式或讯问者权威过度影响的程度

syndrome evidence 综合征证据：一系列症状以有所指的方式同时出现的证据

trauma 创伤：一种产生巨大冲击、让人不安且影响长远的经历

ultimate issue testimony 终极问题证言：专家针对法庭当下问题给出结论的一种专家证言

validity 效度：测量工具测出其所宣称测量内容的程度

voice stress analysis 语音压力分析：一种宣称通过测量说话时声音的物理特征变化来测谎的技术

weapon focus 武器聚焦：聚焦武器带来的威胁，以致减弱了对犯罪者外表特征的关注

索 引

（条目后的数字为原书页码，见本书边码）

A

B

C

D

E

F

G

H

I

J

L

M

N

O

P

R

S

T

U

V

W

David Canter

FORENSIC PSYCHOLOGY

A Very Short Introduction

Contents

Acknowledgements

I am deeply grateful to my literary representative, Doreen Montgomery of Rupert Crew Ltd, who, as ever, has supported and assisted me in great detail throughout the development of this book and is responsible for at least one hundred commas and many hyphens that would not otherwise be. Michael Davis readily gave of his time and experience as a forensic clinical psychologist to ensure that my account was as accurate as possible. Any errors, and most of the commas, are my sole responsibility.

List of Illustrations

Chapter 1
The excitement and challenge of forensic psychology

Murder, robbery, arson, fraud, domestic violence, child abuse, extortion, rape, and other crimes are the stuff of fact and fiction. They always have been. Even the Bible has murder and fraud in its opening chapters. Yet our fascination with the processes of crime and the law always leads back to attempts to understand and modify the actions of individuals. So although economics, politics, socio-legal studies, and sociology are all of great relevance to the consideration of crime and criminality, at the heart of all crimes are people. These people may be those whose actions constitute the crime, those who attempt to solve it, prosecute it, or to manage the offenders or help their victims. In other words, at every point in the criminal system are psychological processes that need to be addressed. An understanding of these processes and their applications is the basis for forensic psychology.

What is forensic psychology?

As I sit at my desk about to write this *Very Short Introduction*, I have a stack of textbooks, shoulder height, every one of which purports to be about forensic psychology. Yet the contents of one book hardly overlap with the contents of another. Each topic, such as 'offender profiling', 'psychopathy', 'detecting deception', 'treating sex offenders', 'battered woman syndrome', or 'assessing risk of future violence', which is a part of forensic psychology, may be given pride of place in one book but never even find its way into the index in another.

So, I need to be clear from the start. Writing this *Very Short Introduction* is like trying to hit a moving target. Forensic psychology is not what it was, and is fast becoming something other than it is now. Furthermore, somewhat chameleon-like, it cloaks itself in varying guises depending on the legal and socio-cultural setting. What forensic psychologists do also differs markedly from one institutional setting to another. These evolving, variegated forms are what give the whole exploration of the interaction between psychology, crime, and the law an exciting dynamic quality.

For although the term 'forensic' originally meant 'of service to the courts', these days the term 'forensic psychology' is used to cover all aspects of psychology that are relevant to the whole legal and criminal process. It thus runs from:

- explanations of why a person may contemplate committing a crime, and
- the manner of their doing so, through to
- contributions to helping investigate the crime and
- catch the perpetrators, and on to
- providing guidance to those involved in civil and criminal court proceedings
- including the provision of expert testimony about the offender and
- subsequent contributions to the work of prisons and
- other ways of dealing with offenders, especially
- various forms of 'treatment' and rehabilitation.

Sometimes the term 'forensic psychologist' is applied to any psychologist who has anything to do with the police or working with criminals. This would include helping police officers, or those working in prisons, to deal with the stresses of their job or even their selection and management.

Fundamental to these professional activities are a number of psychological issues. These are informed by research and debates that have their roots in general psychology including:

- explanations of the psychological basis of many different forms of offending behaviour and criminality,
- explorations of decision-making and its relevance to the processes of investigating crime,
- studies of the psychology of memory and its bearing on the interviewing of witnesses and suspects,
- consideration of the behavioural and social aspects of court proceedings,
- including the construction of plausible narratives, and
- how juries reach their verdicts,
- the assessment of risk, especially of re-offending, and
- the management of those risks,
- consideration of the viability and effectiveness of rehabilitation processes,
- notably relating to drug and alcohol abuse,
- the role of mental disorder in crime, and
- what leads people to desist from crime.

Forensic psychology is therefore the application to all aspects of the law and management of crime and criminals, through professional practice, of principles, theories, and methods derived from the scientific and clinical studies of human actions and experience. It thus also has a strong academic research strand that is concerned notably with the psychology of offending. Conceptually, as a consequence, forensic psychology sits between criminology, forensic psychiatry, and jurisprudence, drawing also on other disciplines as diverse as socio-legal studies; human geography; clinical, developmental, and social psychology; and psychometrics.

For those completely new to this area, it may need to be explained that psychiatry is a medical speciality with a strong focus on mental illness. Psychologists do not normally have any medical qualifications, studying human actions and experiences as a scientific discipline. Some psychologists go on to specialize in working with people who are mentally disturbed. Such psychologists are typically called 'clinical psychologists', and work

1. Hugo Munsterberg, who wrote one of the first forensic psychology books, titled *On the Witness Stand: Essays on Psychology and Crime*

with psychiatrists and other mental health professionals. So there is a distinction between practitioners of forensic psychology and forensic psychiatry. The latter are fundamentally medical doctors, who have the right to prescribe medicines; the former derive their central contributions from the social and behavioural sciences.

The distinction between forensic psychology and criminology is possibly the most difficult for those outside these disciplines to understand. Further confusion is caused by the fact that in the United States the overlap between these two areas is much greater than in the United Kingdom. Additional misunderstanding can be caused by the use of terms such as 'criminalistics' and 'criminal psychology'.

Put as simply as possible, criminology is the study of *crime*. It emphasizes social causes, patterns, developments, and ways of reducing crime. By contrast, forensic psychology is the study of *criminals*. So although, for example, many forensic psychologists may accept that levels of poverty are an important influence on crime rates, they would not study such a relationship in the way criminologists would. Rather, forensic psychologists would be concerned more directly with why some people in poverty commit crimes and others do not. In this book, then, we will not concern ourselves with crime rates or other aspects of the sociology of crime, as important as these obviously are.

One final distinction is worth mentioning. This is the difference between forensic psychology and forensic science. The latter grows out of chemistry, toxicology, physics, pathology, and the other natural sciences. Although I have been asked by lawyers who did not know the difference to carry out a medical examination of a rape victim, that would be outside my competence as a behavioural scientist, as would be an autopsy, or testing for poisons in a blood sample; all of these are aspects of forensic pathology and forensic science.

Where did forensic psychology come from?

For as long as there has been any form of psychology, it has been used both to explain criminality and to propose methods for managing criminals and reducing crime. The implacable presence of crime in all societies throughout history, and the frequent failure of most attempts at crime reduction, probably says as much about the inherent nature of criminality in being human as it does about the weaknesses in our understanding of criminality.

In modern times, however, the opening for psychological involvement in the legal process is usually linked to the case of Daniel McNaughton. He was convicted of killing Edward Drummond, whom he shot on 20 January 1843. Drummond actually died from complications a few days after McNaughton shot him, the wound itself apparently not being very severe. The significance of this murder was that the killer is reported to have said in his defence:

> The Tories in my native city have compelled me to do this. They follow and persecute me wherever I go, and have entirely destroyed my peace of mind.

This was taken to indicate that he had persecutory delusions and had intended to kill Sir Robert Peel, the leader of the Tory party, mistakenly killing Drummond, who was Peel's private secretary.

In the 1840s, there was no clear defence of insanity, merely a general requirement that the culprit knew what he or she was doing and knew it to be wrong. This is encapsulated in the legal term *mens rea*, which indicates that the offender must have had some conscious agency that gave rise to the criminal acts. If a person is so mentally disturbed that he or she is not really aware that the action will have criminal consequences, then in most

2. The trial of Daniel McNaughton

civilized jurisdictions there is a preference for treating the person rather than punishing him or her. But when this defence was used to find Daniel McNaughton 'not guilty on the ground of insanity', there was a public outcry, in which Queen Victoria herself participated. This led to a clarification of the insanity defence that required, crucially, the demonstration that the accused had a 'disease of the mind' at the time of the offence that limited his or her ability to know that what he or she was doing and/or that it was wrong. These criteria became known as the 'McNaughton Rules'.

The reference in law to a 'disease of the mind' implies some medical illness, as if the mind were an organ that could be infected or become sick like the liver or the lungs. There is no simple equation here between the mind and the brain. A person may have any of a number of brain diseases without losing the ability to tell right from wrong. There are also plenty of forms of mental illness for which no apparent disease of the brain can be identified. So specifying a 'disease of the mind' opened the way to a great variety of quasi-medical and non-medical examinations of suspects to determine whether they could plead insanity.

Laboratory-based, experimental psychologists found their way into court as experts by a rather different route. Drawing on studies of perception and memory, they have been able to comment on disputed testimony and challenged statements from witnesses. Early examples were the contributions of Hugo Munsterberg, such as his defence of Flemish weavers. Their customer had complained that the cloth supplied was not the colour of what had been ordered. Munsterberg was able to show that the disagreement was because of variations in perception under differing lighting conditions.

The recognition that there were psychological processes that needed to be understood and dealt with as part of criminal investigations and court proceedings slowly evolved to encompass many other aspects of criminality and the law. Psychologists increasingly drew on a wide range of theories and methodologies to contribute to the court's deliberations. Following Munsterberg and others, the understanding of remembering provided the basis for expert evidence on what witnesses may or may not have been able to remember. Those who had studied educational processes or family relationships would comment on children and give guidance in family courts on issues of parental custody. Indeed, once psychological contributions to legal processes had been allowed into court, then just about any area of professional or academic psychology could be drawn upon to contribute to the management of criminals and the consequences of their actions. Therefore, today, many of the activities of forensic psychologists are far removed from the debate that Daniel McNaughton initiated when he said he was persecuted by the Tories.

Where does forensic psychology happen?

Despite over one hundred years of wide-ranging psychological contributions to legal issues, the medical framework still dominates legal considerations of defendants' mental states. 'Battered wife syndrome', 'post-traumatic stress disorder', 'rape trauma syndrome', and a number of other summaries of people's actions and experiences are couched in what seem like medical terminology, in part, at least, to make them acceptable to the courts. Initially, then, as mentioned, it is not surprising that most of the evidence about mental states was given in court by people with medical qualifications, even if they were drawing on psychological assessments made by other people. So, for the first hundred years or so after Edward Drummond was shot, there was no strong forensic psychology presence in most jurisdictions.

Today, however, forensic psychology spreads much wider than the pseudo-medical labelling of offenders and their actions. It is perhaps best understood in terms of its applications to a number of rather different areas of professional practice: the investigation and apprehension of offenders; the processes of trial and decisions in court; management and attempts at rehabilitation in prison and other institutional settings, or in the community – all relating to the fundamental question of what gives rise to criminality. We will therefore consider this central issue in Chapter 2.

Psychology in court

With the widespread development of psychology in many walks of life, stimulated by the use of psychologists during the Second World War and the burgeoning psychology industry in the USA, from the middle of the 20th century legal opinions about a defendant's mental processes and personality were increasingly provided by psychologists who had no medical qualifications. Yet the medical influence was still strong. In the UK, at least, initially those psychologists who did provide guidance to the courts tended to be clinical psychologists who worked with mental patients. Forensic psychology was a speciality within the postgraduate speciality of clinical psychology, and that clinical tradition is still very strong.

However, once psychologists got their foot in the door of the courtroom, the way was open for a much wider range of applications than merely commenting on the *mens rea* of the accused. Increasingly, the courts, and others working with criminals, looked to psychologists for a wider assessment of the offender. They sought help in understanding the implications of the crime, and the most appropriate way of dealing with the offender. This spread to cover more direct assessment of the dangerousness of offenders and other psychological issues in which the legal process had an interest.

This involvement of psychology has broadened even further so that nowadays issues as varied as the reliability of witness testimony or the selection of juries are all dealt with by psychologists, many of whom are far removed from clinical considerations, or any direct involvement with individual offenders as their clients. In part because of the readiness of the US courts to allow experts to testify and the entrepreneurial approach to setting up independent consultancies, this form of legal advice on witnesses and juries is a dominant aspect of forensic psychology in the USA.

Chapter 3 reviews the contributions that forensic psychologists make as expert witnesses. Chapter 4 examines the broader issues of psychological contributions to the legal process.

Psychology in forensic treatment settings

The early psychological advice about the mental state of offenders tended to be an outcrop of the assessment and treatment of offenders who were deemed to have mental or personality problems. So that, in fact, the settings in which forensic psychology had its roots were those variety of institutions that provide treatment for offenders. Some are known in the UK as 'special hospitals', or in the USA by the euphemism of 'correctional establishments'. Both of these are part of the prison system, but often place greater emphasis on trying to change the person's behaviour than the punishment focus of many prisons. Many more conventional clinical treatment settings may also have offenders as patients, helping them, for example, to deal with their addictions, or their aggression, or indeed their traumas.

Psychology in the prison and probation service

Work in special hospitals and other clinical settings spilled over into prisons, and from there into the follow-up in probation services. A distinct prison and probation psychology (often referred to in the USA as 'correctional psychology') is emerging as a response to this, producing a discrete speciality over the last quarter of a century. It seems to be strongest in those countries that have centralized, or government-controlled, prison systems and integrated probation services, such as Australia, the UK, and Italy.

These services have developed very rapidly in these and other countries over the past decade, moving far beyond the assessments of intelligence and reviews of personality on which many forensic psychologists focused half a century ago. There are now many areas on which they will produce reports about prisoners, whether at the early stages of their incarceration to help guide their progress through prison, or assessing risk and other matters of interest to a parole board, and at various stages along the way and after they leave prison. This may not always be welcomed by prisoners, of course, who may feel that their freedom within prison may be curtailed by what the 'trick cyclist' has to say about them.

Beyond reporting on individuals, though, psychologists in prisons are likely to draw on many other areas of behavioural science.

This includes evaluations of prison programmes and regimes, helping to plan organizational change and training staff in various approaches that may help to reduce further offending. As a consequence, many prison and probation psychologists are more comfortable with the label 'applied psychologist' rather than 'forensic psychologist'.

Chapter 5 provides an overview of the work that psychologists carry out with offenders.

Psychology and investigations

The most popularly known activity of forensic psychologists is their contribution to police investigations. This is probably due more to the apparent need for a modern-day Sherlock Holmes in most crime fiction than to any prevalence in fact. Graced with the somewhat misleading label of 'offender profiler', these clever, but usually flawed, fictional characters are portrayed as seeing into the criminal's mind to help the police solve the case. The crimes are almost invariably some form of serial killing, and the 'profiler' seems to have the uncanny ability of knowing what the murderer thinks and feels. These insights appear to be based on little more than the crime scene and other odds and ends of clues.

As the person usually credited with bringing offender profiling to the UK, apparently in a parcel from the FBI in Virginia, I despair every time a journalist asks me for a 'profile' of the unknown criminal whose actions are in the day's news. This has become an area in which myth and fiction combine to hide the often rather mundane truth to such a degree that I have to take a deep breath and say as gently as I can, 'it's not like on TV you know'.

It is true that there are results emerging from the study of criminal behaviour that can contribute to the search for unknown offenders. But this is far removed from 'getting into the mind' of the criminal. It is much more to do with improving police decision-making processes by enabling them to draw on a wide range of psychological discoveries. This has been most significant in the development of police-interviewing techniques, particularly with helping witnesses to remember more details.

In so far as psychology contributes directly to suggesting useful offender characteristics, this is more likely to be about where the offender may be based or how he or she may be found in police records. This is much more useful than speculations about his or her mental processes, although these were the sorts of comments that were made in the early days of profiling in the middle of the last century. Then, the dominant medical framework meant that early 'profiles' were actually generated by people who had a special interest in criminals who were mentally ill. Although their contributions are often written about in a heroic light (not unusually by the 'profilers' themselves), close analysis reveals that they were hardly ever of real and direct value to the investigation.

As I will explore further in Chapter 6, I have been at pains to put some distance between the contributions psychologists can make to investigations and the pseudo-heroic deeds of 'profilers'. I coined the term 'investigative psychology' to distinguish this area of psychology. A number of police forces around the world have followed this lead and have set up investigative psychology units that contribute much more to the work of law enforcement than the early 'profilers' ever did.

So although forensic psychology is still a young discipline, it has already spun off a number of subdisciplines. Prison psychology, investigative psychology, legal psychology, and forensic aspects of clinical psychology are all emerging as rather distinct areas of study and professional activity. There have also been a number of areas in which psychology has made a notable impact, perhaps most strongly in assisting police-interviewing techniques and reducing the number of miscarriages of justice. There is also growing evidence that psychology can be of help in enabling some criminals to move away from a life of crime.

Challenges to forensic psychology

Forensic psychology is probably one of the fastest growing areas of professional psychology around the world, in part because of the attractive myth of offender profiling and the widespread interest in crime and criminals. Yet this mushrooming growth must be set against a backdrop of the remarkable difficulties of carrying out proper studies in this area and the many challenges practitioners face. Access to real criminals or juries for research purposes, or to witnesses or police officers, is always fraught with legal and practical constraints. In some cases, there are also real dangers that need to be planned for and avoided. Therefore much research of relevance to forensic psychology, notably on eyewitness testimony, has been carried out in rather artificial settings, often consisting of scenarios that can be somewhat unrealistic, in which students are shown videos then requested to indicate what they remember. This has rather limited applicability outside of the laboratory because it is based on simulations, with people drawn from a limited subset of the population who are under no real pressure.

Even work directly with offenders in prisons has many limitations because of the unusual, captive environment in which the studies are carried out and the offenders' separation from their usual social setting. For example, it is very difficult to help people deal with their own abuse of alcohol in a context in which there is no alcohol available and when the degree to which they are participating voluntarily is difficult to gauge. Indeed, some authorities will not allow any research on prisoners because they say an incarcerated person can never give voluntary, informed consent.

There is also the profound challenge of what to believe of what a convict says in any research interview or treatment programme. Usually, in most research or therapeutic situations, the psychologist can work from the assumption that participants are trying to help and will generally be honest in what they say. They may not wish to talk about certain topics, or be confused or traumatized about what they remember, but it would not be expected that they would actively distort, mislead, or lie about themselves and their actions. Inevitably when dealing with offenders, that is exactly the expectation that may be the starting point for any contact. The skill of the psychologist is in moving beyond that to get the truth of the matter, often by using special questionnaires and other procedures for detecting distortions in the accounts they are given.

However, an increasing number of intrepid researchers are overcoming these challenges, working directly and openly with offenders and others involved in law enforcement and the legal process. Such studies are revealing just how complex is criminality and how limited is our understanding of the psychological processes that underlie it. Of particular importance is the diversity of criminals. No two people convicted of similar crimes are identical. As a consequence, there is no simple, standard 'profile' of a burglar or a murderer, or of a terrorist. Offenders themselves will also develop and change psychologically over time. These changes may even be brought about by their experiences of committing crimes. Therefore we cannot assume that we can understand the psychology of a criminal because they have been assigned to the category of bank robber or rapist.

A further complexity is the mixture of crimes that most criminals commit. In popular mythology, serial offending is usually associated with violent crime, especially serial killing. But many offenders commit a large variety of offences throughout the time that they are actively criminal. Although there may be some emphasis on fraud or violence, stealing cars or robbing banks, it is relatively rare to find offenders who are out and out specialists, indulging in only one specific type of crime. There is also a small but fascinating subset of offenders who have lived apparently blameless lives except for one crime, which may be as serious as murder.

In all these complexities a central hurdle to any forensic psychology research keeps re-emerging: being absolutely clear what crime actually is. What is acceptable in one subculture may be outlawed in another. For example, in many countries actions within a marriage are tolerated which would be regarded as rape somewhere else. Therefore the legal definition of offending actions may not always have particular psychological clarity. In dealing with offenders, therefore, psychologists need to get to grips with what they have actually done, rather than what they are legally convicted of. Often forensic psychologists will even wish to put aside the crime that has brought the person to them as a client and try and look more fully at his or her lifestyle and personal situation.

This direct exploration of the psychology of criminals, who are often dealt with as clients in some sort of therapeutic context, is showing how important it is to go beyond fictional accounts of criminals and the notions of 'motives'. Although a person's actions in a burglary, robbery, or a commercial fraud may have the appearance of being driven by the desire for direct financial gain, close consideration often reveals quite other processes. For example, why might a burglar defecate on the bed in the house he burgles? Why does one robber take a gun and another keep well clear of firearms? What is a fraudster seeking to achieve who draws no personal benefit from the money he has illegally obtained? These questions can take us far beyond the limited 'motives' such as greed or revenge that populate crime fiction. The much more subtle task is to determine how offenders see themselves and their roles in relation to their criminal actions.

Bridging cultures

As forensic psychologists moved out from the shelter of medicine, they developed ways of thinking about people that tends to separate them from how lawyers and judges and the police construe their clients or potential suspects. Psychologists often locate the explanation of crime in processes outside of the control of the offender, in genetic make-up, hormones, upbringing, or social experiences. In none of these explanations is much emphasis given to a person making the decision to do something wrong. In contrast, the law sees the responsibility of the offender as paramount. *Mens rea* is the focus of legal enquiry when the culprit is being examined.

These differences in fundamental concerns translate into rather different processes for assessing offenders. Psychologists will typically base their views on trends across people, drawing out underlying dimensions along which people differ, or assigning individuals to 'types' or diagnostic categories. The courts, on the other hand, are appropriately focused on the person in front of them. The discussion is about that particular individual, his or her actions and experiences. Any generalities that the courts draw upon are required to relate directly to the case in front of them.

An illustration of this difference between scientific psychological procedures and the legal process is one case in which I challenged the claims of an apparent expert in linguistics. He was appearing for the defence, saying that his techniques revealed that the confession presented to the court had been produced by more than one person, and thus could be regarded as a fraudulent invention of the police. As psychologists, I and a number of other people had carried out careful studies of the techniques he used with examples of material that was authored by one person or by more than one. These studies showed that the techniques used by this expert had no validity at all. However, for the court I had to show that this general weakness in the techniques, and claims derived from them, could also be demonstrated to be a weakness in the case in question. Our earlier results made this specific, further demonstration scientifically pointless and totally predictable, but it had to be done for the court nonetheless.

In many ways, the central challenges and excitement of forensic psychology come from this interplay between the two very different disciplines of psychology and the law; when effectively working together, they can help each other. Each can move the other beyond the limits of their own professional constraints, and the consequence is one of mutual enrichment.

Chapter 2
How to make a criminal

Are criminals different?

Explanations of criminal behaviour and criminality are central to forensic psychology. These provide the basis for considerations of how criminals can be assessed, whether and how they can be helped to avoid future criminality or be 'treated' in some way. If it is assumed that there is something inherent in being a criminal, then assessment, punishment, and treatment would focus directly on the characteristics of the offender. By contrast, if it is assumed that offenders are created by circumstances, then programmes to reduce crime would focus on those circumstances rather than the individual offender. As a consequence, debates about the causes of crime, which may seem rather abstract, can and do have direct influence on policies for tackling crime and managing offenders.

At the heart of these discussions is the question of whether criminals are different in some fundamental ways from people who have not committed any crime. Is there something about how they are made that distinguishes them? One way of exploring this is to consider what you would have to do to construct a criminal.

Biological explanations

Assume you are a modern-day Dr Frankenstein and you were commissioned to build a criminal. What would you need to complete the task? Would it be particular body parts? Perhaps, as was believed by serious scholars less than one hundred years ago, you would go for especially lengthy arms (like those of apes)? Would you also follow the guidelines of the well-known 19th-century Italian criminologist Ceasare Lombroso in building the head, making sure that it had 'projecting ears, thick hair, a thin beard, enormous jaws, a square and projecting chin and large cheek-bones'? To go further with Victorian ideas of what distinguished criminals from the population at large, you might wish to make sure that yours was below average height, or above, they should also be heavier than non-criminals, or distinctly lighter. If you were following these guidelines, you would also ensure that the criminal you built was pigeon-breasted, with an imperfectly developed chest and stooping shoulders. He would be flat-footed too. (The great majority of detected crimes are committed by men, so from here I will stick with this gender-specific reference for criminals for simplicity, and indicate if I particularly want to consider female criminals.)

If this all sounds too anatomical for you, but you think you could take a normal body and just fiddle with the hormones, genetic make-up, and other aspects of how the body works to create a criminal, you would be in somewhat more up-to-date company. There are plenty of experts who think that criminality is a product of some brain disorder, or even minor brain damage, say as the result of an accident, or problems at the time of birth. For example, recent research has suggested that Henry VIII turned from a benign king at peace with his wife to a despotic ruler who got rid of wives like old shirts after he had a jousting accident that left him unconscious for two hours. It is claimed that the brain damage suffered in the accident changed his personality to become more aggressive and violent.

3. Pictures taken from Lombroso's 1871 *Atlas of Criminal Types*

If it were thought that the cause of rape or murder related to some neurological aspect of the person, then assessment of the offender would search out these aspects. Such an examination would at the very least raise questions about any childhood trauma, especially injuries to the head, or use brain scans or similar explorations of brain function. Some of those who pursue this line of thought even suggest that potential criminals could be identified before they offend by study of their brains.

Some take this biological argument a stage further, claiming that there are deep-seated constituents of criminals' genetics, reflected in such features as an extra Y chromosome. Hormonal imbalances have also been accused. A popular suggestion here is to blame testosterone, the especially male hormone. Nervous systems that do not allow criminals to learn effectively are posited as another cause. The idea is that because criminals are not so responsive to reward and punishment, they never internalize socially acceptable behaviour in the way the law-abiding public does.

The central assumption here is that there is something about the actual, physiological and/or neurological make-up of a person that causes him to become a criminal. This was the central belief in the late 19th century, when the scientific community was overawed by Darwin's theory of evolution as the explanation for everything. Based on rather simplified ideas of the evolutionary process, there was a common scholarly view that criminals were, in essence, a less highly evolved form of humanity. That was why the longer limbs, jutting jaw, and other characteristics that were thought of as evolutionary throwbacks were seen as distinct signs of criminality. Many of the writings of this period refer to criminals as having much in common with children and 'savages', as a further indication that they were not fully evolved human beings.

These sorts of ideas have certainly not gone away. They may take on a more sophisticated vocabulary and hide their basic assumptions in an overlay of biogenetic theory, and reference to the evolution of human behaviour, but the essential idea that criminals are different from other people is inherent in many discussions of the causes of crime. For example, some experts have taken these notions to the extreme of claiming that crimes such as rape and murder are part of man's (and possibly not woman's) evolutionary origins and are therefore hard-wired, as they say, into the human genome.

The implication seems to be that these horrific crimes give some evolutionary benefit in 'the battle for survival'. They therefore continue to exist within modern man because those who committed such acts in the early stages of human evolution were more likely to live on to mate and thus pass on their genes to subsequent generations. This does not really explain, though, why all men are not rapists and murderers. Presumably those who are have to be thought of as closer to their animal origins, or have less control over their atavistic instincts, than those of us who are more virtuous. Such an argument is not very far removed from Lombroso highlighting the small forehead and long arms as indicators of the 'savage' nature of criminals.

These pseudo-evolutionary ideas can be generalized to explain all forms of human aggression. Animals that are prepared to fight when attacked are assumed to be more likely to survive to father new offspring than those that cower or run away. Or, in a rather more Rambo-style interpretation, such aggressive heroes may be more likely to attract one or more mates. Therefore everything from violence at football matches to world wars is put down to our animal instincts.

The problems with all these generalized theories are that they do not make clear why some people, football crowds, nations, and epochs are typically peaceful, whilst others make aggression their hallmark. If aggression is a fundamental component of man's genetic inheritance, why do all men not exhibit this trait across all locations and time periods? Any answer has to imply that there is something about the particular constituents of that person, crowd, or country that makes them either more or less likely to express their aggressive instincts. In other words, evolutionary explanations, if they are valid at all, provide only a broadly painted backdrop to what makes us human. It is rather like saying that a lot of criminality emerges out of the fact that nearly all criminals have two arms and two legs and therefore walk, run, and often climb.

The crucial questions are about what leads particular individuals to draw on those aspects of being human, that we all share, to commit crimes? Explanations are required that deal with the origins of criminal activities in subsets of individuals, particular groups, or nations, or eras, rather than a product of the evolution of the whole human species. So we return to the question of whether criminals really are different from the rest of humanity.

One, admittedly cynical, way of considering these attempts at biological or evolutionary explanations of criminality is perhaps to see them as part of a turf war between different professional disciplines. They are a way that biologically orientated psychologists and psychiatrists can claim 'ownership' of the problem of criminality. They can say 'leave it to us, we have the answer'. This is a battle over who has the best insights into offending, in which many different disciplines engage. Yet, as we shall see, criminality is so much part of being human that no one discipline can ever claim a monopoly over understanding it.

Many psychologists argue that the idea that offenders are different from non-offenders does not need to assume profound biological differences between them and the population at large. There can be a variety of more directly personal reasons why people could end up being a part of a distinct subset. So, in making a criminal you might decide to take a much easier option and instead of trying to manufacture a criminal from scratch, drawing only on physical and neurological constituents, you would select people who you thought would become criminal. What would you look for? Well, if you were to draw on the general descriptions offered for the average offender, you might select people of lower than average intelligence, who were rather impulsive and somewhat neurotic, but who yearned for excitement.

The difficulty you might run into with any of these anatomical, biological, or psychological approaches to making a criminal would be that you may just end up with a person who is indistinguishable from many non-criminal individuals. Indeed, some of the characteristics that you are drawing on may offer the basis for people who become famous footballers or even politicians. It is necessary to go beyond the broad characteristics of offenders and to look more closely at the mental processes that may possibly underlie criminality.

Mental disorder

One way of handling the challenge posed by how few people, typically, are criminal even though an evolutionary perspective may suggest that all men might be expected to be, is to look for some breakdown in normal functioning, some lever in the person's mechanism that has come loose, been bent or disturbed in some way. The source of such disturbance would be in mental processes, so it is various aspects of mental disorder that are often explored to explain criminality.

It is certainly not uncommon to find offenders suffering from some form of depression, or have learning disabilities, or even a psychotic condition such as schizophrenia. Indeed, in one study of men in English prisons it was found that as many as three in every hundred were severely psychotic; that is what many people would simply call 'mad'—a lack of contact with reality, such as hearing voices, having hallucinations, or believing that some secret force was controlling their lives. There is also a curious group we need to look at separately who are assigned the rather intriguing diagnosis of having a disordered 'personality', or even more generally, 'antisocial personality disorder'. So there are certainly plenty of criminals who suffer from various forms of mental problems. This will consequently be of relevance when considering how they commit their crimes and what to do with them when arrested and convicted. But whether the proportion in a sample of criminals is any larger than in the population from which offenders are drawn is a moot point. Furthermore, whether the lifestyles of criminals and their experiences of incarceration may be the cause of their mental problems, as opposed to the mental disorder causing them to be criminal, is often hard to disentangle.

There are a number of difficulties in accepting mental disorder as a cause of criminal acts. Even though certain acts of violence, such as the murder of wife and children, may relate to the perpetrator being depressed, most certainly not all depressed people commit crimes. Further, despite newspapers being ready to mention that a killer had been diagnosed as schizophrenic, in fact the vast majority of psychotic individuals, whether they are paranoid or not, are far more danger to themselves than ever to anyone else. This is not to be confused with the finding that schizophrenics are more likely than those without that diagnosis to be violent, especially if they take drugs. The prevalence of schizophrenics who commit crimes is still very low, and the question also arises as to whether their crimes, especially violence, are a reaction to how they are treated rather than being directly caused by their illness.

People with learning difficulties are by their nature more dependent on those around them for guidance and support than the population at large. Therefore, people with these intellectual difficulties will most likely offend if that is what their upbringing and surroundings have encouraged them to do. It is doubtful that their learning difficulties are the sole cause of their offending.

There is thus an important difference between being a mentally disordered offender and mental disorder causing offending. There is a need to take seriously the prevalence of mental disorder in populations of convicted men and women because this does provide a rather distinct area of professional intervention for forensic psychologists. Just as in the population at large, those with mental disorders can benefit from various forms of therapy, so in the offending population there will be plenty of people who need help to deal with their psychological problems. Their criminal activity may well complicate the possibilities for dealing with these mental problems, but it can fall to the lot of psychologists who are part of forensic services to provide the needed assistance.

Psychopathy and beyond

There are many individuals who commit crimes who understand perfectly what they do and its illegality but who have no obvious mental problems. They are lucid and coherent with no signs of any learning disability or psychotic symptoms. Some of them can be superficially charming and are intelligent enough to be very plausible on first acquaintance. They do not hear voices or think that they are commanded by forces beyond their power to commit crimes. Yet, over and over again, they abuse people, lie without any compunction or remorse, can be unpredictably violent, and seem unable to relate effectively to others over any extended period. Various forms of criminality are almost inevitably an aspect of the lifestyles of these individuals. In the jargon of mental health professionals, such people may be given a diagnosis that implies that their 'personality' is somehow disordered.

In psychiatric medicalization of human activity, a whole set of 'personality disorders' has been identified that attempts to distinguish different ways in which individuals may have difficulty in relating to others. The one that has found its way into popular discourse is 'psychopathic disorder'. There are complications here because the term 'psychopathic disorder' is not a medical diagnosis but a legal term under English and Welsh law that refers to a 'persistent disorder or disability of the mind', not that far removed from the McNaughton rule that first emerged over a century and a half ago. Thus there is some debate as to which of the psychiatric diagnoses of personality disorder are closest to the legal definition of 'psychopathic disorder', and whether any of them relates to the popular conception of a psychopath.

The Hollywood portrayal of the psychopath is someone who is inevitably a merciless serial killer, often some sort of cross between Dracula and Frankenstein's monster. Silent films from the 1920s such as *The Cabinet of Dr Caligari* to the more recent *Kalifornia*, or *No Country for Old Men*, never really provide any psychological insights into the actions of the monsters who are the anti-heroes of their dramas. They are presented as pure evil. The rather more psychologically interesting films such as *Psycho* or *The Boston Strangler* provide pseudo-Freudian explanations for the nastiness of their villains, but still present them as rather alien individuals who can appear unthreatening but deep down are malevolent.

Until you have met someone whom you know has committed horrific violent crimes but can be charming and helpful, it is difficult to believe in the Hollywood stereotype of the psychopath. Without doubt, there are people who can seem pleasant and plausible in one situation but can quickly turn to viciousness. There are also people who just never connect with others and are constantly, from an early age, at war with those with whom they come into contact. If we need a label for these people, we can distinguish them as type 1 and type 2 psychopaths. The former have superficial charm, are pathological liars, being callous and manipulative. The clearest fictional example of this sort of psychopath is Tom Ripley, who has the central role in many of Patricia Highsmith's amoral novels. The type 2 psychopaths are more obviously criminal, impulsive, and irresponsible with a history of juvenile delinquency and early behavioural problems.

4. Is the disgraced financier Bernard Madoff a psychopath?

5. Or is the Hannibal Lector character portrayed by Anthony Hopkins a more accurate example?

Another label that may be assigned to people who are habitually involved in illegal, reckless, and remorseless activities that has a much broader net than 'psychopathy' is 'antisocial personality disorder'. But we should not be seduced into thinking that these diagnoses are anything other than summary descriptions of the people in question. They do not help us to understand the causes of people behaving in these unacceptable ways. Some experts have even commented that they are actually moral judgements masquerading as medical explanations. So although the labels 'personality disorder' and 'psychopath' do summarize useful descriptions of some rather difficult, and often nasty, people, we need to look elsewhere for explanations of how they come to be like that.

DSM and ICD

The labels to describe mentally ill offenders are derived from worthy attempts to impose a form of medically precise diagnoses on the mix of actions and thoughts that characterize some criminals. Two approaches to classification dominate these considerations. One is produced, and revised regularly, by the American Psychiatric Association and is known as the Diagnostic and Statistical Manual of Mental Disorders, having reached a text revised version of its fourth edition, so DSM-IV-TR. The other is the mental disorders section of the International Classification of Diseases and Related Health Problems, usually abbreviated to the International Classification of Diseases, which is in its tenth edition, hence ICD-10.

These classification schemes are widely drawn upon, especially in legal proceedings, despite their authors being at pains to warn against their use in court. They are nonetheless used because they give a framework, or useful shorthand, for typifying bundles of features of a person. Fitting individuals into the classifications on offer can sometimes feel like nailing jelly to the wall. The classifications deal with complex and changing aspects of how people interact with others and live their lives. They do not identify particular bacteria or damage to distinct parts of the brain.

Addiction and substance abuse

One common explanation for crime is that it is caused by the abuse of alcohol or drugs, or addiction to illegal substances. Could you make your criminal by getting them addicted? It is certainly the case that some aspects of the activity of criminals are influenced by various forms of intoxication. They may be more violent and impulsive when under the influence. Their actions may have a less obvious logic to them and be less effective, like the offender who ram-raided a shop, but chose a pound shop rather than a jeweller's. In addition, the maintenance of criminal activity may be a consequence of the inability to shed an addiction.

There is the need to find funds to purchase the addictive substances, so people can be kept in such a state of dependency for their drug-supply that they continue to offend to obtain the money to buy the drugs. The illegality of many substances and their use also creates a criminal milieu in the way that alcohol prohibition did in the United States in the 1930s. So people can drift into criminal actions because of their use and dealings in drugs.

But addiction can never be the whole explanation of why people commit crimes. Many people finance their addictions from legitimate sources. Furthermore, many established criminals drift into the use of drugs only when their criminal activity generates enough money to enable them to afford these drugs.

Addiction is certainly an important aspect of the lifestyle of many criminals. Like mental disorder, it presents another area in which forensic psychologists are called upon to help offenders. Assisting men and women to come off drugs can be an important step in getting them to develop a non-criminal lifestyle. But drug addiction on its own is not the cause of crime. In combination with other psychological problems, nonetheless, it can contribute to a potent spiral that leads to crime.

Psychological explanations

Perhaps the most direct way of finding someone who is likely to make a criminal is to look for someone who does not accept the usual social mores. In popular parlance, we might expect such a person not to have developed much of a conscience. A more technical, psychological description would be to claim that the person had not reached the adult stage of moral reasoning. Although this has curious throwbacks to the 19th-century idea that criminals were close to 'children and savages', at least it gives a more detailed framework for considering the cognitive processes of offenders. It also opens up a way of exploring what it is about people who are labelled 'psychopaths' that contributes to their acting as they do.

Such explanations are thus part of a family of psychological theories that consider criminality to be rooted in ways of making sense of the world. These run a gamut of aspects of a person's mental life including:

- lack of awareness of the consequence of any actions, especially of the people who will suffer those consequences, supported by
- justifications of criminal actions and attempts to claim that their impact is minimal
- low feelings of self-worth that are reduced by criminal success,
- rational assessment that crime 'pays', based on the belief that offending provides high rewards for little effort,
- a general unwillingness to delay gratification, or
- the inability to control desires.

Putting these various theories together can be most readily understood as three psychological stages that give rise to offending behaviour.

- The first is the interpretation of the situation. This may be erroneous, with others' gestures and comments being misattributed, as in the often-heard precursor to violence 'Who are you looking at?' Or it may be a reasonably accurate understanding of what is going on, but the situation is taken as one for which a criminal response is deemed appropriate.
- This takes the offender into the second stage, in which a mixture of emotions and habitual reactions give rise to the offence. An open window may be interpreted as an opportunity for burglary, a snub in a pub as a reason for violence, or a more thought-through bank robbery can evolve out of discussions about the opportunities available.
- The final stage is also the crucial lack of any real concern for the consequences of the crime.

These three stages each draw attention to characteristics of the person and how they typically react in various situations – what psychologists call their 'personality'. A number of researchers emphasize the neurotic extrovert personalities of many criminals. However, there are also aspects of upbringing and social background that are inherent in all three stages. For example, if a person rarely suffers the consequences of his actions, then he may be expected to be less concerned with them. If he grows up in a subculture in which violence is always just below the surface, then hitting out may be more part of his social repertoire than talking things through.

A further possibility is that a person's characteristics, whilst not inherently criminal, may make him more vulnerable to drifting into offending. So, although there are doubtless aspects of some people that make them more likely to be criminal, this may be more a feature, for example, of their difficulty in coping with school or social relationships. Their difficulties may be in being unable to survive as law-abiding citizens because their particular social group expects them to offend. All of these aspects of a person's situation may contribute to their offending rather than this being some inherent evil with which they are born.

Social explanations

The view that criminals are different from everyone else contrasts with the approach which sees that we could all be criminal in the right circumstances. This therefore leads to the view that it is not within the person that explanations for crime should be sought, but in their circumstances. This is a slightly different approach to understanding crime from the biological, medical ones we have been considering. It is a step further on from explanations inherent in personal psychology, but one that runs into problems similar to those found in individually orientated explanations.

In a serious and worthy attempt to deal with criminality in Victorian times, a number of reformers, driven by the Christian principle that all human beings are equal, believed strongly that criminality was a product of contact with other criminals. In the 20th century, this idea was graced with the title of 'association theory'. The argument was that by growing up in a criminal environment, especially a criminal family, the individual would learn the habits and indeed the skills of being criminal. From this perspective, the psychological processes we have considered could, in the main, be seen to have their origins in families that, for example, did not teach their children to delay gratification, which never gave them any feeling of self-esteem, and only regarded success in being able to cheat and break the law regardless of the consequences. This can be a way of life that is literally taught within the family and social milieu. If inculcated early enough, it can also give rise to certain personality traits that become an ingrained part of how the individual deals with those around him.

This may be learning how to carry out burglaries or other property crimes, or it may be the more subtle learning by example that occurs when a person is exposed to violence as a way of expressing anger within a dysfunctional family setting.

Criminal networks

It is important to recognize that most crimes are not the actions of lone individuals who are driven by some hidden force but are products of social interactions. Crimes are themselves part of a social process between an offender and an explicit or implicit victim, and often between offenders in the distribution and sale of illicit goods or services. The roots of criminality may therefore be found in criminals' styles of interacting with others and the networks of associates to which they belong.

Some Victorian reformers saw these social processes as like a form of contagion. The answer was therefore to separate offenders from each other. Quite elaborate prison designs were built to house this theory. They consisted of isolated cells in which each offender would be required to stay alone with only the Bible for company and no possibility of contact with other offenders, even in the chapel. This idea has left-over procedures in some prisons today, where being together with other prisoners, referred to as 'association', is often strictly controlled. 'Seclusion' is also used in many psychiatric facilities for similar reasons.

There can be little doubt that the experience of growing up in a community of criminals is a strong predictor of a person becoming criminal himself, although it is less clear exactly what it is about that experience which gives rise to criminality. Is it simply a matter of learning by example? Or does something more profound happen, changing the actual emotional and cognitive processes so that the person sees and feels the world differently? Or perhaps it is that a person's opportunities in life are limited and channelled because of their criminal associations – good schools and jobs may be denied them?

The idea that criminals are ordinary people trying to cope with difficult circumstances would take our hypothetical Dr Frankenstein in a quite different direction. Instead of trying to make a criminal person, he would have to create a criminal family, possibly within a criminal community. Many experts would want to take this a stage further and argue that it is a society in which there are large divisions between the rich and the poor that is the basis for criminality. From this perspective, offenders are merely making rational choices to try and survive in difficult circumstances with limited opportunities. This may not be a product of the whole society but relate to pockets of deprivation and alienation that may be the lot of poor immigrants or abused ethnic minorities, for example.

The problem with all these possibilities is that very many people grow up in a poor alienated community, or one dense with criminality, but manage to avoid being dragged into a life of crime. Some psychologists explain this by reference to 'protective factors', which may be supportive family or friends, a good teacher, their own intelligence, or special skills in sports, music, or mathematics, that give them a basis, framework, and opportunities that may not be available to their criminal associates. But all of this shows that the circumstances themselves are not a sole cause of criminality.

Varieties of criminality

Now it is time to admit that the task set for our hypothetical Dr Frankenstein was rather poorly defined. The request was to make a criminal without any consideration of what sort of criminal was required. Crime covers such a huge variety of activities that it is foolhardy to think there will be only one cause for all the forms that offending might take. Should we expect the same processes will give rise to a 12-year-old girl stealing a pretty headband from a department store in Paris, as will lead to a suicide bomber attempting to kill dozens of police recruits in Baghdad? Would the same genetics or psychology give rise to a young man setting fire to his estranged wife's car as to an armed robber stealing diamonds from a jewellery shop? Add the variation in laws across the world as to what is *defined* as criminal to this range of possibilities for what criminal actions are possible, and you have a very wide set of human activity that may be against the law.

In other words, any single explanation of criminality must assume that all crimes have something psychologically fundamental in common. It makes more sense to recognize that the many different forms of criminal action are likely to have many different causes. Furthermore, as the attentive reader will be starting to realize, it is extremely unlikely that any one process on its own can be blamed for a person committing criminal acts.

The range of actions that are criminal requires us to make some attempt to divide them up into subgroups so that we can consider the possible differences in causation. Such classification is, after all, the first step in any scientific endeavour. There would have been no theory of evolution without the clear identification of different species. Modern chemistry would not have got very far without the distinct identification of the elements and the periodic table. Unfortunately, classifying criminal actions is rather more difficult than classifying animals or chemical substances. The complexities emerge at a number of levels.

First, there is the problem, already hinted at, that legal definitions may not relate very closely to the psychological processes involved. If a burglar sets fire to a house he has broken into and in so doing kills the occupant, he may well be charged with murder. But should the crime be thought of as really arson or really burglary?

The second set of difficulties comes in classifying offenders who commit more than one crime. The rare man who kills his wife in a rage but has otherwise led a blameless life can be comfortably categorized as a murderer. But what if, as is more likely, he has previously been involved in robberies or fraud or arson? What subset of offenders do we assign him to? In various studies with offenders in prison, many of them will claim they are not 'real' criminals. They have a stereotype of what a criminal actually is, which may be a bank robber or street mugger. They will claim that defrauding their company, or forcing their sexual attentions on a woman, was an admittedly illegal misunderstanding, but not actually 'criminal'.

The resolution of the problems raised by the potential mix of illegal acts in a criminal's life is to explore which crimes tend to be committed by the same person; in other words, to examine the co-occurrence of crimes across many criminals. Although this will not give watertight compartments, it could give a general framework for considering different types of criminal. But it would only be of value if there really were clear differences between offenders in the broad types of crime they commit.

Many studies have explored this possibility, giving rise to a debate about whether offenders in general are 'specialists' or 'generalists'. The consensus is that many offenders, especially young offenders, are rather versatile in their criminal activity. The majority of people with any history of criminality will have carried out some form of theft and probably burglary at some point. But beyond this broad sweep of illegal activity, there does seem to be a tendency for some criminals to avoid violence and others to build up a dossier that is full of aggressive actions.

This brings us to the third difficulty in assigning offenders to neat subsets of criminal type: they change. A member of a juvenile gang of shoplifters may grow up into an aggressive rapist or a clever fraudster. This developmental process is often referred to as a 'criminal career', which should not be confused with a criminal who makes his living solely out of crime who may be called a 'career criminal'. However, it is rare for an offender to have a very distinct career progress as might be the case in a legitimate organization, starting off, for example, as an apprentice, moving up through middle management and on to being the 'big boss'. Such progressions do occur, especially within organized crime, as illustrated in quasi-fictional films such as *The Godfather*. But it is more often the case that a variety of opportunities and particular experiences make the offence trajectory less obvious.

For forensic psychologists, it is usually the offender who is the focus of interest, not the crime as such which may have brought the offender to the psychologist's office. So that when considering an offender, it will be important to explore all his offence history not just the most recent assault of which he might be convicted. This raises perhaps the most problematic aspect of determining which category of criminal the psychologist is dealing with. What do the mix of offences in the offender's criminal record have in common that will help the psychologist to make sense of the person she is trying to help?

This question requires detailed consideration of the nature of the criminal actions themselves. Is this a person who plans his crimes with a cool and calculating vengeance? Or is he an impulsive individual who just takes what he wants, whether it is a Rolex watch or sexual gratification? Such considerations require very close examination of exactly what happened in the crime and the context in which it occurred. It is out of such considerations that a psychological understanding of the individual offender will emerge.

Psychological explanations of violent crime

Given the huge spread of what counts as offending behaviour, it is perhaps not surprising that psychologists have tended to focus on the more bizarre and extreme forms of crime, especially those involving violence and sexual activity. For those criminals who commit such aggressive acts there is a plethora of psychological explanations and a growing number of intervention procedures. They draw on the ideas we reviewed earlier when considering crimes in general, relating to the interpretation, response, and consequences of the actions.

Most psychological explanations of aggressive crimes revolve around the proposal that some people just do not understand their interactions with others well enough, or have the social skills to manage those interactions. They have difficulty, as psychologists put it, in 'taking the role of the other': really understanding how others make sense of their world and react to the offender. As a consequence, they misinterpret what is happening and react with inappropriate violence. An extreme example of this is when a man thinks a woman is really consenting to sexual activity, when she is sure she is not. He may further believe that he has a right to sex, or become angry when thwarted. The only way he knows to deal with that anger is to lash out.

However, this is aggression that comes out of a heightened and uncontrolled emotionality. It is also often the case that a person may grow up in a milieu in which violence is an acceptable, or even encouraged, way of dealing with frustration or insult. This person can be thought to have learned to express himself violently. Such learning can go a stage further and be what is called 'instrumental': in other words, as opposed to the expression of anger or frustration the violence is a tool or instrument to control others and obtain what he wants. These are the calculating 'tough guys' who live their lives by inculcating fear of violence in others. They may be men who beat their wives to keep them under their thumb, or cold-blooded robbers who think nothing of attacking people in order to steal from them.

This process can give rise to a succession of violent actions, which is most apparent within relationships, often assigned the somewhat anodyne label of 'domestic violence', for there is nothing of the cosy 'domestic' quality to it. It is often thought to emerge from established, habitual patterns of interaction in which inherent conflicts within the relationship, often related to issues of power and control, escalate into violence.

In other cases, it may be that one member of the couple (often, but certainly not always, the man) has developed a violent way of dealing with frustration or jealousy. This can be presented, quite reasonably, from a feminist perspective as a product of how society at large, inappropriately, grants men the belief that they are ordained to be the dominant part of any relationship with a woman. Any threat to their view that they should have superior status is dealt with by attempts to coerce the woman back into the position the man deems she should occupy. Such coercion can often be very violent. The validity of this perspective finds support from consideration of how women were treated in many places in the past, and the very distressing information about how women are treated today in some countries.

Emotions and crime

Our explorations in how to make a criminal have, inevitably, sought to make use of processes outside of the control of the person, whether it be their biology, their psychological make-up, or their family and community. This reflects the stance of the social and biological sciences. They want their discipline to reveal what causes criminality. Society at large, and the courts in particular, see the matter quite differently. They put the blame for committing crime squarely on the shoulders of the offender. Consequently, there has been a growing movement amongst social scientists to try and determine what it is within the offender's experiences of committing crime that supports and maintains that activity. Putting it colloquially, 'what is it the offender gets out of illegal activity?'

It may be thought that the benefits to the criminal are obvious. Criminals want money, or control, or their actions are impulsive eruptions. Although in some cases this is certainly true, closer consideration indicates that often these objectives are not achieved, yet the offender continues to commit similar crimes over and over again. For example, often very little money is gained from a burglary or theft, especially when the percentage that is lost when trading illegal goods is taken into account. Violent assault may alienate more people than it brings under the offender's control. Aggressive acts that seem impulsive can be found to be repeated in similar situations so often that they can be predicted, thereby raising questions about how unplanned they really are.

The actual emotional experiences that are associated with criminal actions are often undervalued as explanations for criminality. Some offenders get real excitement from their thefts, frauds, or acts of violence. It is this emotional benefit which keeps them involved in a life of crime. Interviews with bank robbers, for instance, have revealed that they may seek out especially risky places to attack because of the thrill of getting away with the crime in those locations. Recent research has shown that even terrorists who are apparently driven by ideological goals are urged on by the exhilaration they feel from the devastation they plan to cause.

Criminal narratives

Some experts have taken this argument a stage further by proposing that many offenders assign roles to themselves and their victims within a view of their own personal life story, their 'inner narrative' – the story a person tells himself about himself. This will include his thoughts about his own capabilities and how others see him, but also some notion, however confused, of what he is trying to achieve with his crimes. He may see himself as a tragic figure striving against the forces of darkness, or as a victim suffering the vicissitudes of an enemy he cannot control. Many robbers and burglars see themselves as adventurers on a quest, or even professionals just doing a job.

The important point about these narratives is that they are constructed by the criminals themselves, however confused and incoherent their storylines may be. This implies that our Dr Frankenstein is on a fruitless task. It is the criminal himself who creates his offending, not some external force.

Conclusion

The hypothetical Dr Frankenstein is making two fundamental errors. One is that criminals are some distinct sub-species of human being and that it therefore makes sense to think of causes for criminality solely within the person. The other is the assumption that all criminals are alike. What has emerged in our review is the variety of criminality and the mix of biological, psychological, and social processes that underpin emerging self-concepts in offenders. These relate to their understanding of the world and the opportunities within it for legal and illegal activities.

The debate about the cause of criminal actions is often grossly oversimplified, into the attractively alliterative contrast between nature and nurture. Yet, neither the fundamental make-up of a person (their 'nature'), nor their upbringing and circumstances ('nurture'), are unitary phenomena. There are many aspects of a person that may combine to increase the risk of them offending, such as intellectual difficulties combining with physical difficulties, impulsive and aggressive tendencies. Or they may cancel each other out, as when a person who for one reason or another is aggressive but is also highly intelligent and very able to express himself is able to channel what could have been criminal into something that is seen as creative and iconoclastic.

There are also many different aspects of an environment that may be regarded as 'criminogenic'; mixing with other criminals may be more significant in a context of deprivation, for example, than when there are real opportunities for legitimate enterprise. But there may also be factors that protect against the possible influence of the surroundings, such as a caring, virtuous family that supports and disciplines its children.

Nor are nature and nurture distinctly separate from each other, either in their constituents or in how they combine to influence outcome. Children from disadvantaged backgrounds may be more open to physical trauma that can make it difficult for them to do well at school. This can lead to them being disruptive at school, possibly being excluded. This could then lead to them drifting into criminal activity as a way of finding some sense to their lives and some form of self-respect. But this may be aggravated or ameliorated by their inherent capabilities. Their families may or may not have the resources to find ways out of this destructive spiral or to provide later opportunities for gainful employment.

Individuals who may be born with a propensity to seek stimulation and a rather impulsive nature may have that channelled into sports and adventure holidays if they can find the resources to support these activities. Similarly, very capable people growing up in deprived contexts may turn their abilities to be effective at crime because that is the easiest option available. Even people who in some circumstances may be regarded as inherently 'psychopathic', because of their lack of emotion or remorse for harm they cause others, may become pillars of the community because they have the possibility of using their intelligence and network of contacts to succeed in business.

All this adds up to the realization that if we want to make a criminal, we cannot focus on just shaping a particular type of person. We have to create a criminal context for the individual to emerge within, which will include family and associates as well as a broader society and culture. As with any creative task, we would also have to be clear as to what sort of criminal we were trying to create. The process of making a murderer who led an innocent life until one day he killed his wife would be quite different from making a youngster who drifted into burglary from the age of ten and eventually killed a shopkeeper as part of a robbery, even though these two individuals may be sharing the same cell in prison. The difference between them will be most clearly revealed in what they think of themselves, the inner narrative that they have developed to give meaning and direction to their actions.

Chapter 3
Experts in court

Courtroom psychology

In August 1996, Daryl Atkins and William Jones robbed and shot Eric Nesbitt. Jones testified that Atkins had pulled the trigger. This being Virginia, USA, Atkins was sentenced to death. A psychologist assessed Atkins and reported that he had an IQ of 59. In response to an appeal, this was accepted by the Supreme Court as indicating that Atkins was 'mentally retarded' ('learning-disabled' would be a more acceptable term these days in the UK). The Court ruled that it would be against the Eighth Amendment to the American Constitution to execute a mentally retarded person because such punishment would be 'cruel and unusual'.

This case illustrates the significant role that psychologists can play on the basis of their assessment of the defendant, but also serves to illustrate the ethical and professional challenges faced by any psychologist giving evidence in court. Expert evidence is given to assist the court in its decision, whether the expert agrees with that decision or not.

What is an expert?

As in all legal matters, there is considerable debate about key terms; in this situation, what 'expertise' means and what makes a person acceptable to the courts as an 'expert'. Without reviewing the extensive case law on this matter and the large variations across jurisdictions, in essence an expert is someone who has some specialist knowledge or experience not otherwise available to the court. Experts are witnesses like any other who stand in court and give evidence. They have to take an oath and abide by court procedures, but their status as an 'expert' allows them to go beyond a statement of the facts as they know them. Other witnesses to the fact, such as eyewitnesses, or witnesses to good character, are only allowed to inform the court of what they actually know. Experts are allowed to go a stage further and offer an interpretation of the facts as they see them; in other words, to offer an opinion. This privileged position can give the expert somewhat more authority than someone who saw what happened. Yet it is potentially more subjective because it requires an exercise of judgement. This is why there are constraints on who is acceptable as an expert and on the sorts of opinion that can be offered.

The limits of expert evidence

Experts cannot offer opinions on any aspect relevant to the court proceedings; the opinion has to be within their area of competence and this is also constrained by legal limitations. One such limitation stems from what is known as 'the ultimate question', sometimes also known as 'the ultimate issue'. This is the question that the court itself must answer, which in a criminal case is usually whether the defendant is guilty or not. Other issues may come close to this, for instance whether the defendant or a key witness may be lying. But in all cases, the point is that the trial process is set up to answer a specific question and, although assistance may be given by experts in determining the answer, woe betide any expert who attempts to steal the thunder of the judge and jury.

One other area of legal proceedings that influences what psychological evidence can be offered is the need to avoid what is known as 'prejudicial information'. This is a barrier that few other legal experts have to deal with. Its workings can be illustrated in the following actual example. A man, let us call him Donald, was charged with the violent rape and murder of a woman in her own home. His defence was that he had consensual sex and then left the victim's house and that some other burglar must have later broken in and carried out the murder as part of the burglary. To support his case, he wanted to bring forward evidence from a psychologist that such a violent assault was completely out of character.

The psychologist could determine that the man exhibited no fantasies or other personality traits that would be consistent with such aggression. Furthermore, he was known locally as some sort of 'stud' with whom women he met at night clubs would happily have sex. In interview with the psychologist, he admitted to picking up as many as three or four women a week in this way. In addition, his criminal background only included theft and fraud. There was no history of violence at all. The psychologist could therefore build up a pattern of the consistencies in the defendant's background that would support his claim to be of non-violent character.

However, such evidence was not allowed by the court. The view was that if the jury knew that Donald a) led a promiscuous sex life and b) had committed any sort of crimes in the past, that this would colour their view of him. They would be prejudiced against him and therefore not consider the facts of the case carefully enough. In rare cases where the values in favour of the defendant would strongly outweigh the prejudicial implications, such evidence may be allowed.

Therefore the role of the forensic psychologist in court is to give advice that will help the jury come to their own decisions. Or in the case of family courts and other legal situations in which only professionals are making the judgements, the expert is allowed to offer opinions that are based directly on their particular expertise, but they must not stray into comments on the facts or the ultimate decision that the court must make.

However, there are circumstances in which the forensic psychologist will not be under these legal constraints. Lawyers may seek guidance from psychologists to help them prepare a case, throwing light on the defendant or issues of testimony, even an appropriate way to cross-examine a witness. An illustration of this is the case in which a crucial issue was whether the defendant was left-handed or not. A psychologist who had studied left-handedness was able to point out that it was not a simple all-or-nothing preference; people could prefer to use their right foot when kicking a ball and have a dominant right eye but be left-handed. This gave the attorney the opportunity of opening up the question in court of whether being left-handed was as crucial or clear-cut as was being claimed. He was able to ask questions about preferences for kicking and other behavioural details, without the need for any expert testimony.

Forensic psychology expertise is also less constrained when the proceedings, although operating in a legal framework, are not a formal court process in which the expert is giving evidence under oath, such as in employment tribunals, probation hearings, or risk assessments in the context of health care. There are also a number of other forms of consultancy that forensic psychologists may give to assist lawyers which relate to aspects of the legal process rather than the defendant or witnesses, such as how juries make decisions. What this all illustrates is that the role of forensic psychologists depends considerably on the particular jurisdiction and legal context in which they are operating and the legal questions they are asked to answer.

The significance of the legal context

A crucial difference in legal context on the way forensic experts are dealt with is whether the legal process is broadly what is known as

6. An expert giving evidence in court

'adversarial' compared with being 'magisterial' (or 'inquisitorial', as it is often called). The former, more characteristic of English-speaking nations, has a distinct prosecution and defence that are played out in an open court in front of a jury, which is typically a random selection of members of the public who live locally. The crucial point about a jury, and thus a major distinction between the two systems, is that they are deliberately chosen because they do not have any special knowledge, understanding, or experience of the law. By contrast, the 'magisterial' system is one in which one or more professional judges (magistrates) make all the decisions. Sometimes this is done mainly on the basis of documents presented to them without the extensive courtroom debates that Hollywood, based in the US adversarial system, is so fond of. Furthermore, in many jurisdictions the magistrates also oversee the actual investigation of the crime.

In an adversarial system, experts are typically called in by either the prosecution or the defence (although they are formally supposed to be merely giving guidance to the court). They are technically giving their evidence to the jury, and so to some degree are constrained to make it as non-technical as possible, especially given the cut and thrust of cross-examination by lawyers acting for the 'other side'. When the case is fought in front of a jury of ordinary folk, the legal systems tend to believe that members of the public can be unfairly persuaded by a plausible 'expert' and so must be protected from anything the expert may say that would be too directly influential. In a magisterial context, experts are given more rein to offer direct opinions on the central issues of the case. The belief is that if expert opinion is offered to the professionals who are making the decisions, rather than a jury of laypeople, they can accept it or ignore it at will.

In the British and many other legal systems that are dominated by the adversarial framework, there are nonetheless many courts that are essentially magisterial, in which decisions are usually made by judges, professional lawyers, or people specifically appointed and trained to be magistrates, rather than a randomly selected jury. This includes the higher courts of appeal, which deal with challenges to the decisions of the lower courts, and also various high-level legal enquiries often known as 'judicial reviews'.

Other processes, notably coroners' courts, which have the duty of determining the cause of death, and family courts, which often deal with matters concerning the custody of children and parental access to them, are typically handled by one or more trained lawyers acting as judges, rather than a jury. A variety of courts dealing with civil matters such as contested wills or financial claims also are usually magisterial. Other procedures that are governed by the law but that do not include a formal criminal or civil court overseen by trained lawyers or judges also tend to be magisterial. These include, for example, employment tribunals which deal with unfair dismissal, or even parole boards determining whether a prisoner should be allowed out of prison prior to the end of his sentence. In all of these proceedings, forensic psychologists may offer expert opinions.

One step even further removed from the full ritual of court proceedings than tribunals and parole boards are meetings of professionals to discuss particular cases. These may be to assess the risk of individuals harming themselves or others, or their ability to be effective parents. In these proceedings, the psychologist contributes an assessment of the key individuals, usually as an integral part of the team. They will be part of the debate with none of the formalities of presenting evidence and being cross-examined as in a court of law.

In the proceedings without a jury, forensic psychologists can have a much more significant role because they are advising the magistrates and decision-makers directly about crucial aspects of the case in front of them. The psychologist will be open to challenge, and there will often be the equivalent of a 'prosecution' and a 'defence' trying to support or undermine the points the expert is offering, but matters that could be prejudicial, in the legal sense mentioned above, and even dealing with the ultimate question, may be open to an expert if there is no jury present. As mentioned, but worth repeating because of its significance, the decision-makers in such cases are ready to ignore those opinions, if they deem them unfounded, in a way that it is assumed a lay jury would not.

The basis of forensic psychology evidence

Experts have to offer the courts or similar proceedings evidence that would not be available by any other means. What are the bases for such evidence? An understanding of the psychological explanations of crime is only a very small first step towards providing some useful evidence. It is the scientific methods that are the foundations of modern psychology which provide the most useful tools from which to derive evidence.

One of the best informed and most interesting early reviews of how psychology can contribute to the law came from the late

Professor Lionel Haward. He was a tall, balding, bespectacled, neatly dressed clinical psychologist, with a dry but rich sense of humour, which was sometimes rather risqué. He looked every inch the stereotype of the expert witness, but behind this urbane countenance was a profound, pioneering approach to how psychologists should contribute to court proceedings. In one of the first major books reviewing forensic psychologists' actual contributions to the legal process, drawing on his own extensive experience in the witness box, Haward pointed out that there are a number of different roles that psychologists can play in legal proceedings.

The clinical role

A major foundation he calls 'clinical'. This is based on the experience that psychologists have of working with patients (or 'clients') in some form of therapeutic setting. This is normally helping people with mental illness or mental disorder, giving the psychologist experience in many aspects of mental abnormality as well as interviewing skills that lawyers may not have. Haward provides an example of this from his casebook. A woman was accused of stealing a silver trophy; however, another person who worked with her came forward and confessed to the theft. In interview with this second person, as part of his defence, Haward explored the significance of the trophy to him, using psychological procedures that would be relevant in a clinical interview for therapeutic purposes. During the course of this, the man revealed his fondness for the accused woman and his desire to protect her from a conviction that would ruin her life, eventually admitting that he was not guilty of the crime to which he had confessed.

A more common illustration would be one in which a client is claiming compensation for some accident and asks the psychologist to give evidence for the debilitating effect of that accident, especially the impact on the client's mental state. This can be very difficult for the psychologist because the client's outstanding compensation claim could itself have an influence on his mental state, causing anxiety or a reluctance to get on with his life for fear of downgrading his claim. In these situations, an experienced clinician would draw upon similar previous cases he was aware of as well as careful interview strategies, special psychological tests, and a review of relevant published work he could find, in order to provide as objective a report as possible.

Assessment

In many contexts, but most notably when assessing a client, psychologists use what are generally known as 'psychometric procedures', or more generally 'psychological tests'. Atkins's IQ was assessed using the most widespread form of psychological assessment, an 'intelligence test'. Such measuring instruments as intelligence tests are in common use across psychology. But there are legions of others that can be of value to legal proceedings. These include assessment of many forms of intellectual ability, educational attainment, or cognitive skills, some specifically established to diagnose brain diseases such as those associated with Alzheimer's. They may also cover measures of various aspects of personality – whether it be styles of interpersonal interaction, extroversion, or ways of coping with stress.

Several of these procedures use what are known as 'projective' techniques that have their origins in Freudian ideas of the unconscious. They consist of ambiguous images that the client has to interpret. The best known of these is the Rorschach inkblot test. A standard set of symmetrical smudges, initially produced by folding an inkblot into a piece of paper, are presented, and the respondent has to describe what he or she sees in the vague image. This technique had its origins in the parlour game of 'Blotto' that was very popular a hundred years ago. The game was to give a meaning to the indeterminate image. Another commonly used procedure is the Thematic Apperception Test (TAT), in which the patient is shown an ambiguous picture, say of a young man sitting on a bed with a woman sitting on the other side of the bed

Examples of psychological assessment procedures relevant to the forensic context

Personality assessment

Projective:

Rorschach inkblot test

Thematic Apperception Test (TAT)

Szondi test (a curious test not used much these days)

Objective:

Minnesota Multiphasic Personality Inventory (MMPI), 2nd edition

Million Clinical Mulitaxial Inventory (MCMI), 3rd edition

Personality Assessment Inventory (PAI)

Intellect/cognition

Wechsler Adult Intelligence Scale (WAIS), 4th edition

Trail Making Tests A and B

Luria-Nebraska Neurophysiological Battery

Specific forensic assessments

Structured professional judgement:

Sexual Violence Risk - 20 (SVR-20)

Psychopathy Check List - Revised (PCL-R)

Historical Clinical Risk Management - 20 (HCR-20)

Juvenile Sex Offender Assessment Protocol (J-SOAP)

Risk for Sexual Violence Protocol (RSVP)

Actuarial risk assessment:

Static-2002 / Static-99 (offender's history as indicators of risk)

Violence Risk Appraisal Guide (VRAG)

Malingering:

Structured Interview of Reported Symptoms (SIRS)

Test of Memory Malingering (TOMM)

with her back to him. The task is to tell a story that the picture illustrates.

In all projective techniques, the idea is that the respondent will reveal something about their unconscious or hidden motives and thoughts through the way they interpret the images. Detailed scoring procedures have been devised, often now computer-based, for analysing responses. A simplified example would be that someone describing sex and violence in the images would be thought to be revealing the significance of this in their lives. By contrast, a person building an interpretation around future aspirations would be assumed to have a more mature and forward-looking approach to life.

In addition, there are many assessment tools that have been specifically developed for use with offenders. Most commonly, these cover assessments of the risk that the individual will commit another crime, or a violent crime, in the near or distant future. Tests have been developed for a wide range of other criminal issues as well. These include tests that explore the sexual preferences of an individual, or an offender's competency to understand the trial process. Most notably, there are checklists that assess a person's level of psychopathy. This latter does not require the respondent to fill in a questionnaire (for the obvious reason that a psychopath would be expected to lie); instead, the person is interviewed and those who have had contact with him are also questioned, so that a number of pointers can be indicated on the psychopathy checklist.

Standardization of psychological tests

What all these measuring instruments have in common is that they are developed using established psychometric procedures, often known as 'standardizing' a test. Without going into the detailed technicalities here, in essence the psychometric process consists of getting the test completed initially by many people – often hundreds of people, sometimes thousands. Their responses are then analysed in relation to each other and to other external criteria. The classical illustration of this is the development of IQ tests. The number of correct answers given by children of each age is calculated so that any given child can be compared with others of the same age. To make a child's score on the test easily interpretable, the average score for each age group is set at 100, so that a score of 59, as in Atkins's case, can be seen as far below average. The statistics actually allow the precise calculation that fewer than 1 in 100 of the population would have an IQ of 59 or below.

The population distribution of scores achieved on a test are called the 'norms' for a test. It is the process of comparing an individual's scores with these norms which makes these measuring instruments different from the sorts of questionnaires that may be found in magazines. In those questionnaires, arbitrary score values are created by journalists and given interpretations. They also distinguish them from public opinion polls in which the interest is solely in the proportion of a given population who agree with a specified opinion, such as who would be the best prime minister.

Beyond the ability to weigh the scores any individual obtains against a comparable population, the development of tests also seeks to relate the scores to other issues external to the test. For instance, an IQ test would not even be of academic interest if the scores people obtained on it did not relate reasonably closely to a person's actual educational achievements, or abilities other than taking tests. To take another even more extreme example, if serial criminals did not on average have higher psychopathy scores than those who led a blameless life, then the measure of psychopathy could not be taken very seriously. This relationship to external indicators is usually referred to as the 'validity' of a test.

Psychological tests vary enormously in the thoroughness and appropriateness of their norms and how well their validity has been established. In particular, their norms may not be appropriate in places different from where the test was originally developed; an indicator of psychopathy developed in the USA may have little value in countries with very different cultures, such as India, Nigeria, or Russia. Until the test has been translated and standardized in those different contexts, its use may be counterproductive. Also, measuring instruments that look as if they are of great relevance to criminality may turn out to be quite invalid. An interesting illustration of this is that it may be assumed that lack of sophistication in moral reasoning is the hallmark of a criminal, but until this has been proven it is merely an hypothesis.

However, despite many criticisms of psychometric measuring instruments, they do provide the backbone to a lot of expert opinion. This is not least because the courts are more comfortable with a view that is based on a standard procedure that many professionals agree is appropriate. Tests also provide a standardized framework for describing a person, thus making it much easier to prepare a report than searching afresh for relevant and appropriate terms.

The most widely used psychological test in the forensic context, especially in the USA, is the Minnesota Multiphasic Personality Inventory (MMPI). This comes in a number of versions, but the standard form consists of 567 questions and takes between an hour and an hour and a half to complete. The questions consist of statements such as:

My daily life is full of things that keep me engrossed.
There often seems to be a lump in my throat.
I enjoy detective stories.
Once in a while I think of things too bad to speak about.
My sex life is pleasing.

The respondents then have to say whether the statements are true or false with regard to themselves. A complex and highly developed scoring system is then applied to the answers in order to indicate a wider range of potential problems in the individual, including schizophrenia, hypochondriasis, depression, and the sort of psychopathy that relates to disrespect for society's rules. The test also includes measures of whether the respondent is faking good or faking bad, or generally lying, but as with all attempts to tell how honest respondents are being, there is considerable debate about how valid they are. The very extensiveness and detail of the MMPI is probably one reason why there has been such a vast range of studies using it despite continuing discussion of its utility.

Challenges to the scientific value of psychometric instruments are much more vocal for projective techniques. The problems here are manifold. If the test is measuring unconscious aspects of the individuals that they may not even be aware of themselves, what will be suitable external criteria against which to test the test? The issues that the tester claims are being revealed may never become manifest because, after all, they are unconscious.

Even more challenging is the determination of what is characteristic of the response. This relates to the general issue known in psychometrics as 'reliability'. That is, the likelihood that carrying out the same test under very similar conditions on more than one occasion will give the same results. When the response given has a very open-ended quality, such as telling a TAT story or interpreting an inkblot, there is a very real possibility that different testers (or the same tester on different occasions) will identify different aspects of the comments. For example, when a person comments on an inkblot, should the tester note the part of the inkblot that is mentioned, whether the respondent implies movement or colour in the meaning given, or just focus on the content of the meaning? In all these cases, what population or sample should the responses be compared with to determine how unusual they are?

Despite these problems, the Rorschach inkblot test is still very popular and used widely to give court assessments. This is in part because a procedure developed by the American psychologist John E. Exner claims to overcome these challenges by providing a very precise process for interpreting responses that is supported by computing technology. A major weakness in this more precise approach, though, is that not every tester follows it, and the courts may be ignorant of the consequences of such negligence on the part of the tester. It may be for these reasons that the validity of the Rorschach test is still widely challenged, even if some people claim it can even help to detect cancer in its respondents.

The experimental role

A somewhat different role to which Haward draws attention is one in which the skills in carrying out an experiment are used to test whether claims that the evidence on offer is likely to be true. One such example on which the present author gave evidence related to the claim from a defendant that he had never made the confession which a police officer insisted was the verbatim transcript of an interview held with the defendant. This was before police interviews were recorded, and indeed the case was part of an accumulation of reasons why, in the UK at least, virtually all interviews with suspects are recorded these days.

As was common police practice, the times of the start and end of the interview were recorded in the police log book. There was thus a simple question of whether a police officer really could write all that he claimed he had written in the time available. A simple experiment was therefore set up, inspired by many that Haward carried out. A student known to write very quickly was given the task of writing down the alleged verbatim statement when read to her at a reasonable talking pace by another person. It was found that it was only just possible under these conditions for the student to complete the task in the time available. There are established writing speeds for dictation, and when compared to these our student was indeed found to be at the upper limit of what are known capabilities. Evidence was consequently given that the police officer in question would have had to be a remarkably proficient transcriber to have written the interview in the time claimed and that it was therefore just possible he had done so, but rather unlikely, especially when the time taken for asking questions and pauses before answering were taken into account.

This sort of experimental study often relates to challenges to statements from key witnesses. Probably the most memorable of Haward's experiments in this context harked back to Munsterberg's defence of the Flemish weavers. He was called in to help defend a local mayor who had been accused of indecent exposure in a public toilet. This resulted from two police officers following up complaints of indecent activities by hiding themselves in a cubicle in the public conveniences, peering through a grill in the door.

The defendant claimed that he had been wearing a pink scarf at the time and that the enthusiastic police officers, being keen to make an arrest, had been so primed to expect indecency that they had misinterpreted this innocent apparel for a part of his anatomy. Haward tested this by setting up an experiment in which naïve subjects were shown photographs, under limited lighting conditions, of the mayor wearing his scarf. They were given the expectation that something untoward was illustrated in the pictures and asked to indicate when they saw it and what it was. He found that one picture in every eight was believed to represent an indecent act. Haward offered these results together with an explanation of the psychological processes involved and citation of other studies illustrating the power of expectancies on the interpretation of ambiguous images. The attorney used this report as the basis for challenging the police evidence. The mayor was acquitted.

The actuarial role

In both the clinical and experimental roles, the psychologist will often draw upon known statistical relationships to support his case. So the role that draws on the probabilities of certain indicators is not quite as distinct as the other two. However, it is useful to identify because it shows the developing power of forensic psychology as a scientific discipline. It is similar to DNA and fingerprint evidence in which the probability of the sample being from a given individual supports the case before the court.

It should be noted that with fingerprints, and to a lesser extent DNA, evidence of identity is far from foolproof. There are important cases in which fingerprint experts have claimed the fingerprints to be those of the suspect only for it to be shown beyond any doubt that the suspect was innocent. Actuarial calculations are always open to question. They are best treated as informed bets on which the court may be willing to put its shirt, or, in the legal formulation, put the decision 'beyond reasonable doubt'. It is worth noting here that in civil courts where the decision relates to relationships between individuals, the legal test is weaker. The decision has to be on the balance of probabilities. This thus gives estimates of probability rather more weight.

There have been attempts to use psychological evidence to determine the identity of the perpetrator. This notably takes the form of claiming that the 'profile' of the perpetrator revealed through the details of the crime fits the accused; or in some cases attempting to use as a defence the claim that the actions in the offence indicate a personality that is totally different to the accused. Fortunately, such attempts have eventually failed on appeal, even if the court initially accepted them. The statistics are just not precise or strong enough to be used in such a powerful way. There may be some general indication, for example that a person who commits a murder is likely to be known to be violent, but there are far too many murderers who have no history of violence and violent people who never murder to provide convincing probabilities. Even when much more precise details of the actions in a crime are considered, the information relating them to particular offender characteristics is not robust enough to be used in a court of law.

In reality, any 'profiling' evidence runs the risk of having the psychologist answer the ultimate question. By saying the accused does or does not match to characteristics that would be uniquely expected of the offender is tantamount to claiming that he is guilty or innocent. The courts are thus understandably reluctant to accept any expertise that could be construed as 'offender profiling'.

Conclusions

The role that forensic psychologists play in court proceedings depends considerably on the particular jurisdiction to which they are contributing. As they have developed ever more systematic, and apparently objective, procedures on which to base their expert opinions, they have found their way into an ever wider range of legal activities. Some of these contributions take a standard format that has become routine. Others are specifically fashioned to deal with the issues in a particular case. All of these, though, utilize theories, methods, principles, and procedures that are unique to forensic psychologists and their clinical experiences. This is opening up an even broader range of involvement in legal procedures, as we shall see in the next chapter.

Chapter 4
Psychology and legal proceedings

Insanity in court

One of the major contributions of psychologists to legal proceedings is in assessing whether defendants at the time of the crime were unable either to understand the nature of what they were doing or, if they did understand, to recognize that it was wrong. This is different from not knowing it was illegal, because, as is often quoted, 'ignorance is no defence before the law'. Rather it is a lack of moral awareness of the wrongful nature of the action. It is this subtlety that often confuses lay discussions of obviously heinous crimes such as the serial killing of strangers. The killings may appear to be so beyond what is morally acceptable that the murderer by any reasonable standards must be regarded as mad. However, if he has enough contact with reality to be aware of what he is doing, and that it is wrong, then under the law he cannot plead insanity. This is why very few serial killers are ever found not guilty by reason of insanity.

The differences between legal and public understanding of insanity often stir debate. A man who carries out actions that are difficult to comprehend, such as killing his children as revenge against his wife, or killing complete strangers eating in a McDonald's, may be regarded by many people as 'out of his mind'.

For the courts, though, if he knows what he is doing and that it is wrong, he is sane.

The insanity defence has implications for dealing with children because most jurisdictions accept that children below a certain age cannot be considered able to tell right from wrong. Interestingly, this minimum age of criminal liability varies from 7 years old in India to 18 in Brazil, being 10 for England and Wales and for federal crimes in the USA. But in order to allow children to give evidence, a psychologist may also be called in to establish that the young witness really does know the difference between right and wrong, and truth and lies.

A particularly difficult assessment to make can be in cases where the defendant claims some form of temporary insanity that may be expressed as an irresistible impulse. This has a number of subtleties. If the action was one in which the person had lost contact with reality, possibly hallucinating, then he may be found not guilty by reason of insanity. A more extreme form of this could be what is known as 'automatism', in which the person was totally unaware of his actions, possibly because he was asleep at the time. Such a person would be acquitted because he had no *mens rea*.

These issues are all part of general claims that the defendant had reduced legal liability because of some form of mental illness. If this illness is characteristic of the defendant, then the psychologist's task is to assess its prevalence across the defendant's life history and any role it may have played in the offence with which he is charged. There are established psychological tests that can be drawn on to help form such a judgement, but the current professional view is that at best these can be helpful as part of a broader clinical interview, but are unlikely to be sufficiently valid to be used on their own.

An assessment that can relate to an insanity plea but which is rather different is to determine if a person is competent to stand trial. Competency to stand trial is the individual's general ability to be able to make appropriate decisions and understand what is happening in court. The crucial difference from insanity assessment is that competency relates to mental capacity at various stages in the legal process, whereas an insanity plea focuses on the mental state at the time of the crime.

One clear example of a competency assessment is the case of Theon Jackson, a 27-year-old deaf mute arrested for stealing. He was found to have a very low IQ and was also unable to communicate effectively enough to participate in his own defence. This led to a ruling that he was unfit to stand trial and thus either had to be released or committed to some form of managed institution.

There are a number of standardized tests for measuring competency, but the issue is so closely intertwined with actual legal processes it is rare for these to be relied upon for evidence. Most professionals prefer to carry out in-depth interviews and utilize more general measures of mental illness and intellectual ability. This allows them to determine whether the defendant really is able to understand the legal process he is part of and to communicate effectively with his legal team. If the forensic psychologist can go a stage further and draw on her understanding of what may be causing any deficits, then this will strengthen any case she can put before the court in support of or against fitness to stand trial. As part of this process, an assessment of whether the defendant is malingering would be a crucial component. Some psychological tests directly aim to reveal attempts to feign mental illness or other forms of incompetency.

Broadening contributions

The different roles that psychologists take in legal proceedings have opened up a range of topics that now go beyond the considerations of mental illness and fitness to plead. This broadening variety of contributions draws on clinical experience as well as many different studies, sometimes carried out in relation to particular cases but more often as general background research that eventually finds its way into the legal process. Consideration of some of these wider areas of expert evidence reveals just how deeply psychologists are becoming embedded in jurisprudence.

False confessions

One area that is particularly intriguing is the situation in which a person may falsely confess to a crime. It often surprises people, even experienced police officers, that someone will confess to a crime that they know they did not commit. Yet from the earliest psychological considerations of evidence, it has been known that false confessions occur often enough to be a source of real concern for the police and the courts. One dramatic historical illustration of this is that when Charles Lindbergh's son was kidnapped in 1932, nearly 200 people confessed to the crime. Similarly, more than 100 people confessed to the murder in 1986 of Swedish Prime Minister Olaf Palme.

There are many reasons why people may falsely confess, the most obvious relating to a desire to protect another person or to escape from the coercion in an interrogation, or indeed torture, with some idea of being released once having confessed. However, a small number develop the belief that they have indeed committed the crime.

To understand how an innocent person can convince himself that he has committed a crime, the malleability of memory needs to be appreciated. Many years of psychological research have shown that memory is not like an old-fashioned photographic plate that fades with time. Rather, it is constructed on the basis of knowledge of possibilities and patterns from fragments of what was noticed at the time. There is now a very large body of research that shows how this process can be influenced by events that happen subsequent to what is being remembered. A particularly potent influence can be questions that are asked about the key incident. If these questions imply things that did not happen, then in later recall the person may have internalized these suggestions and now believe he has remembered them. For example, if a person is asked about a red car that passed during the events that were witnessed, even though there never was a red car, then it is possible that in later interviews the person may genuinely think they remember a red car passing.

In situations in which a person has no memory at all of what happened, perhaps because of drink or drugs, they may be even more vulnerable to suggestions of their guilt. Some people may even feel remorse for what has happened, even though they were not involved, and confess because they think they ought to be guilty.

However, there is a subgroup of people who come into police custody who are especially vulnerable to the even implicit pressures that may be present in the interview process. Some of these people may be suffering from a mental illness, such as schizophrenia, that makes it difficult for them to distinguish fantasy from reality, or they may be intellectually impaired and not really aware of what they are admitting to. Indeed, there are indications that in some cultures it is expected that a person from a lowly background will agree with whatever a person in authority proposes. So if told they are guilty, they will accept this without question. Forensic psychologists will be in a position to explore these possibilities and to advise the courts and other professionals whether the person has such propensities that make them likely to falsely confess.

Gudjonsson and others, who have studied proneness to suggestibility, claim that there are also other less obvious characteristics of some people that make them particularly susceptible to influence. To test for this, Gudjonsson developed a procedure to measure just how predisposed to be suggestible a person is. He has used this test in many courts of law around the world to support defendants' claims that they falsely confessed due to their susceptibility to the interrogation process. Most notably, he gave evidence for the Birmingham Six, all of whom were eventually released, although originally convicted of planting in pubs bombs that killed 21 people. He found that the four of the six who falsely confessed to leaving the bombs had much higher scores on his measure of suggestibility than the two who did not confess.

Gudjonsson's examination consists of reading a narrative to the person being tested, who is then asked to say what he remembers about the story. Subsequently, he is questioned closely about the story. Some of these questions imply aspects to the story that were not present in it and the respondent is told they have made some important errors so must answer the questions again. It is the degree to which the person being examined then alters his answers and the way in which he alters them that is used to indicate how suggestible he is to severe questioning. Gudjonsson's procedure is not without serious critics, but the readiness with which law courts have accepted it does illustrate a willingness to include psychological assessments if they have a good enough pedigree.

Recovered memories

It is claimed that sometimes, as part of therapy, a patient may come to remember traumas from their earlier years that they had forgotten. These 'recovered memories' are often of some form of abuse. Such declarations of having been abused have then been used as evidence in court to get convictions against the alleged culprit. There are many cases in which this has resulted in a blameless person, often a father or other close relative, being imprisoned for many years. The problem is determining whether the memory is recovered or has been falsely, and perhaps innocently, encouraged in the mind of the patient.

It is difficult for judges and juries to believe that someone would falsely, but honestly, remember a significant event if it had never occurred. But the ability of some people to have very clear memories of events that seem even more unlikely than being abused as a child, such as alien abduction, shows just how careful the courts must be. If there is no corroborating evidence, how can it be decided if the memory is accurate or not? Normal criteria such as the vividness of the memory and the confidence the person has in recounting it may not be appropriate if the report has been developed over many months in sessions led by a therapist who is convinced that the patient's symptoms are the product of abuse.

Part of the foundation of modern psychoanalysis was Sigmund Freud's consideration of why his patients claimed they had been abused as children when that was apparently not the case. Freud saw this as an expression of a patient's unconscious desires that were part of the psychological problem that had brought them to him. In other words, Freud claimed the patient's problems were not the result of abuse. By contrast, therapists operating within a tradition that has a direct descent from Freud's believe that traumatic events the patient cannot recall did occur and can be brought into the light through the appropriate therapeutic processes. The challenge to memories 'recovered' in this way is that the claim that they are genuine ignores the malleability of human memory, which we have noted in relation to false confessions and other aspects of witness statements.

Syndrome evidence

Complex psychological phenomena and the analysis of them are difficult for the courts to digest. This is partly because judges believe they know a lot about human beings and that juries should be allowed to draw on their own experiences to make sense of what they are told. If a standardized test can be used to support a psychological conclusion, then this does add an extra level of expertise beyond that available to the court from personal experience. Similarly, if the behavioural issues being explored can be presented as analogous to some form of medical diagnosis, it may also be more acceptable than mere 'professional opinion'. It is in this context that a burgeoning number of psychological 'syndromes' have found their way into legal proceedings. However, it is important to say right away that neither lawyers nor many psychologists are comfortable with this medicalization of patterns of behaviour, but this has not stopped such syndromes becoming part of the vocabulary of forensic psychology.

Post-traumatic stress disorder (PTSD)

By far the most common psychological syndrome to be used in evidence is post-traumatic stress disorder (PTSD). This has a long and chequered history, being part of 'shell-shock' recognized during the First World War, or what was called 'battle fatigue' during the Second World War. There was even a phenomenon identified in the American Civil War that was called 'soldier's heart'. Initially, all these extreme reactions to the experience of battle were dismissed as cowardice or a weak personality. There were cases in the First World War of soldiers being shot for cowardice or desertion who would now be recognized as suffering from PTSD. The clinical understanding of the effects of severe trauma has helped to produce a more enlightened understanding of what people experience in the heat of war, and this has also provided a framework for evaluating the psychological impact of many other traumatic situations.

Some estimates suggest that as many as one in ten of the population suffer PTSD during their lives. An illustration would be if you were involved in a driving accident and were consequently reluctant to drive or overly cautious when on the road, responding with a sudden surge of anxiety whenever you became aware of squealing tyres, then you would have the basis of at least a mild form of PTSD. If these symptoms lasted for two or three weeks, it would probably be labelled 'acute stress disorder'.

Unlike other forms of mental disorder, PTSD does require a clear cause, a traumatic event that can be regarded as beyond normal human experience, involving intense fear, helplessness, or horror. For the diagnosis to be assigned, the psychological consequences of this trauma must be shown to have lasted for longer than a month and to include upsetting memories, flashbacks, distressing dreams, or some mixture of these. In addition, the person must feel the need to avoid anything associated with the trauma, such as places or people, or even some of the memories. The fourth component of the disorder is an increased sensitivity to potential threats, especially from anything linked to the cause of the trauma, with associated anxiety and anguish, often indicated through sleep disturbance. If some aspects of each of these four constituents are present, then PTSD is diagnosed. The number, intensity, and longevity of the symptoms are drawn on to indicate the severity of the disorder.

PTSD has been accepted in US courts as a form of mental illness and thus used as mitigating circumstances for a violent attack. In one case, the New Jersey Superior Court accepted that a violent attack by an ex-soldier, on a police officer, was a product of a flashback in which the police officer was mistaken for an enemy combatant. This use of PTSD as part of an insanity plea has been taken even further in a Canadian court decision in a case of a sexual assault of a child. The defendant claimed he had PTSD as the result of an incident that had occurred whilst he was on a peacekeeping mission in Bosnia. He had interrupted a sexual assault on a child by killing the attacker. He argued in court that the assault of which he was accused was the result of a re-enactment of that event. The judge accepted that he was insane at the time of the crime, being unable to appreciate the nature of what he was doing. Needless to say, many experts are concerned about this extension of PTSD as an insanity defence in crimes of intimate violence. The extent of black-outs and memory loss as part of PTSD, as in so many other areas of memory, are extremely difficult to validate.

The main use of PTSD is in accident claims where it provides a well-tried and clear set of criteria for assessing the psychological impact of the accident. However, even this apparently obvious application is open to question. There is considerable evidence that the impact of any trauma depends on the psychological wellbeing of the person before the event occurs. Also experiences after the trauma, such as social support or loss of employment, can have an impact on the development of PTSD. Most problematic is the clear indication that PTSD may be more long-lasting and severe if there is ongoing litigation in which it could play a role.

Battered woman syndrome

Another syndrome that found its way into court, possibly even before PTSD, was battered woman syndrome (BWS). This has been used by attorneys to explain why a woman who has suffered extensive physical abuse over a period of time would still fail to leave the relationship, even when the batterer was absent or asleep. The characteristics of the syndrome revolve around the idea that the victim is actually taught by the offender to become helpless. 'Learned helplessness' is a phenomenon first observed in animals that were unable to escape from electric shocks in experiments. They eventually stopped trying to avoid the shocks and just lay there listlessly. This passivity in relation to unavoidable, random abuse has since been found in many individuals.

When the random abuse is part of a relationship between human beings, there is a mix of psychological processes that underlie the helplessness. This includes the victim believing the abuse is her fault and that there may be something she can do to stop it happening in the future, or more direct fear for her life or her children. The abuse will often have psychological blackmail components too, such as telling the victim her children will be taken from her if she reports the violence. All of this is often supported by an irrational belief that the perpetrator is all-powerful and all-knowing.

Some psychological syndromes that have been used as evidence in court

Battered child syndrome (BCS)
Battered woman syndrome (BWS)
Child sexual abuse syndrome (CSAS)
Child sexual abuse accommodation syndrome (CSAAS)
False memory syndrome (FMS)
Munchausen syndrome by proxy (MSP), also called factitious disorder by proxy
Parental alienation syndrome (PAS)
Post-traumatic stress disorder (PTSD)
Rape trauma syndrome (RTS)
Recovered memory syndrome (RMS)
Traumatic brain injury (TBI)

Explaining female actions

What is notable about many syndromes accepted by the courts is that they relate directly to women's actions, rather than men's, often explaining the actions of female victims when they do not accord with popular, stereotypical views of how women would be expected to act. Battered women, as we have noted, may not run away or fight back, and the BWS can help juries to understand why that is. A number of other similar syndromes have also been accepted as explanations for apparently surprising behaviour by women, or as evidence of diminished responsibility or mitigating circumstances. They therefore generate lively debate as to whether they are forms of misogyny in disguise and not really established conditions like those of a medical nature.

Premenstrual stress syndrome, in which women at a particular stage of the menstrual cycle may be more emotionally vulnerable and suffer a mixture of physical and psychological deficits, has been accepted as a form of temporary insanity in a number of jurisdictions. This has been used as a defence in violent assaults, and in a few cases even murder, carried out by women. Clearly there is a gender asymmetry in the application of this defence, for although there is some evidence for monthly mood swings in males, this cannot be related so directly to major physiological changes. Therefore one of the basic tenets of the law that all are equal before it is not fully endorsed by the advocacy of this defence.

A rather more equitable syndrome, typically associated with women victims but potentially applicable to men, is rape trauma syndrome (RTS). This has parallels to PTSD, although it has a rather different emphasis and is not so clearly defined. The utility in court is to clarify why it may be that a rape victim would delay reporting the assault. The proposal from RTS is that the delay could initially indicate some doubt about the victim's own role in the rape, even possibly blaming herself. This has been claimed as part of the psychological effects of the trauma of the attack itself, which often include depression, suicidal thoughts, and general fear and anxiety.

An important point about these psychological consequences of various stressors and traumas is that they can result from events that do not involve obvious, extreme violence. Fear and profound psychological insult can be as traumatic, or even more so, than vicious physical aggression. Many studies show that stress relates to lack of control, and as a consequence situations that take feelings of personal control away from the individual can have significant impact on feelings of self-worth and ability to be in charge of one's life.

The psychology of the courtroom

The evidence given by forensic psychologists as expert witnesses in legal proceedings derives very largely from the assessment of individuals using clinical interviews and diagnostic instruments. This contrasts with a growing application of psychology to studying and influencing what happens in court, which tends

7. The more informal setting of a family tribunal

to draw more directly on social psychology than on clinical psychology or psychometric tests. As in so many other areas of the applications of psychology, the lead in this area has been taken in the USA. A major reason for this is that the American legal system is much more open to examination and allows much more intervention by attorneys than is the case in the UK. In particular, in some states it is possible to explore directly how juries actually make decisions. In most countries with juries, the workings of the jury are kept secret (although in France the judge often sits in on the jury's decision-making to ensure they are carrying out their task appropriately). This general secrecy does mean that very little is known about how the random sample of local people who make up a jury do deal with the evidence presented in a trial to reach a verdict.

The other major differences in the USA are the rules that allow attorneys to influence who may be a member of a jury. Although all adversarial legal systems permit some degree of selection of juries, this is usually extremely constrained, but in the USA jurors can be questioned extensively and the courts tolerate many being excluded. This has given rise to 'scientific jury selection' in which psychologists guide attorneys to select juries that are most likely to find in support of their case. This may be followed up with advice on how to get the jury to accept the arguments put before them. Whether this distorts the legal process or is in fact any different from what attorneys do already is a matter of debate. The discussion is whether ethical boundaries may be crossed by what some consider to be interference with the normal jury process. It is therefore no surprise that many professionals have deep disquiet about this form of advice.

The guidance given to attorneys draws on attempts to understand how juries operate and the social and psychological processes that influence the decisions they make. Many general psychological questions arise in relation to jury decision-making. These include both issues of individual attitudes towards and understanding of what is presented to them in court, as well as social processes of influence. In the classic film *Twelve Angry Men*, the social psychology of the jury room is brilliantly illustrated when the character portrayed by Henry Fonda manages to sway the eleven other members of the jury.

These processes have particular poignancy when the jury makes a decision about the sentence that should be handed out. This can relate to compensation payments or in some murder cases in the USA whether the defendant should get the death penalty. Studies of jury decision-making show that attitudes towards the issues at hand, especially general attitudes towards the acceptability of the death penalty, can have much greater significance than any evidence presented in court.

One important point that does emerge from studies of juries is just how little they understand of the instructions given to them. This is due to a combination of the alienating aspects of the language of the law, the complexity of the issues being explored, and differences between jurors in their educational levels, prejudices, and pre-existing beliefs about the law. For example, in

Scotland jurors are given a document written in archaic legal jargon that describes the charge the defendant is facing. This tends to make the jurors more likely to believe the defendant is guilty than when the same information is given to them in a simple statement in everyday English.

The courts are of course aware of the challenges posed by these weaknesses, and psychologists are attempting to find more effective ways for attorneys and judges to interact with juries. This includes using analysis of instructions to take account of the educational level such instructions assume, providing special verdict forms for juries to complete, and even flow charts that can guide juries in how to explore the evidence and reach a decision. But the power of legal traditions slows down the speed with which such innovations can be implemented.

Jury selection, especially in the USA, attempts to deal directly with the crucial problem of bias in a juror. The idea that the jury will make an honest, objective judgement of the facts before them is undermined if a juror is so prejudiced to crucial issues in a case that he or she will ignore the facts and decide on the basis of pre-existing beliefs. It is around this argument that jury selection consultants are being drawn on by attorneys.

Trial tactics manuals have been drawn up to help attorneys identify biases in jurors that will prime them to be against their side of the argument. These give guidance on the questions that are legally acceptable to ask jurors before the trial starts and ways in which answers to those questions may indicate the biases a juror may have, such as the tendency for older people to be more likely to convict. However, this simple tactic may backfire when in some cases older people are more sympathetic to the defendant. Even the assumption that jurors will tend to be more lenient towards people who are the same ethnicity as themselves does not find general support in the research. There can be a tendency for people to feel the defendant is letting their ethnic group down, sometimes known as the 'black sheep effect'.

Slightly more effective in predicting the decision a juror will make are personality traits and attitudes. The possibility of giving jurors questionnaires to complete has led to attempts to develop standardized instruments that will, for instance, predict the likelihood that a juror will convict. The Juror Bias Scale is one such questionnaire. It asks whether or not the juror agrees with statements such as 'Generally, the police make an arrest only when they are sure about who committed the crime', or 'If a suspect runs from the police, then he probably committed the crime'. This does relate very loosely to the verdict that an individual may reach, but many factors in the case can mask this effect.

It may be reassuring to realize that, generally, attempts by psychologists to influence the outcome of cases through jury selection and guidance to attorneys have not been as powerful as those who wish to make a living from this consultancy sometimes claim. It is still the strength of the evidence that is by far the strongest predictor of the outcome of a case. However, when the evidence is very strong, the defendant is more likely to confess. So jury trials are more likely in cases where the evidence is more evenly balanced. In such situations, therefore, relatively small influences from the characteristics of the jurors or how the case is put before them may make the difference between a verdict of guilty or not guilty.

Conclusion

Legal procedures and principles pre-date scientific psychology by at least 2,000 years. It should therefore come as no surprise that, in general, lawyers are reluctant to embrace input from psychologists. As a consequence, the tendency has been for psychological evidence to be allowed initially for some very specific purpose, notably in pleas of insanity or competence to stand trial.

Over the last quarter of a century, these contributions have broadened so that, for instance, aspects of 'temporary insanity' may be adduced by drawing on psychological syndromes, notably PTSD.

This involvement with the courts broadened out to help explain what might otherwise seem as surprising behaviour, such as a woman staying with an abusive partner, or delaying in reporting a sexual assault. But once psychologists were allowed in as experts, their advice has continued to reach out to ever more aspects of the legal processes, now commenting on a variety of other aspects of court procedure. This has been as diverse as helping to select a jury that will be predisposed in a desired direction, or suggesting ways in which information should be presented in court.

All of these interactions between psychology and the courts are an interplay between two very different cultures. Forensic psychologists look to develop and use standardized tests and clinical interview procedures that place individuals within a generic framework. In contrast, the courts seek to get to grips with a given person and the particularities of a given case. Furthermore, the possibilities for psychological contributions are shaped by the details of the particular legal processes, which vary across jurisdictions. When the courts do not have juries, the scope for psychologists is much greater; however, their input is dealt with much more cautiously. The professionals involved in magisterial proceedings feel more able to take or leave any input from experts. Whilst many of those in the legal profession would regard it as arguable whether either set-up is greatly enhanced by drawing upon the current state of scientific psychology, there can be little doubt that the influence of psychology on court proceedings is growing rapidly around the world.

Chapter 5
Working with offenders

Forensic psychologists will most usually be found, not in court giving evidence, certainly not as part of a police investigation team, but working with convicted offenders. This may be in prisons, but there are also many other settings which incarcerate or control offenders and may attempt to change or rehabilitate them. People sentenced by the courts find their way into many places beyond jail, including probation services, therapeutic communities, and various forms of mental hospital or secure unit.

In all these settings, psychologists are involved in one of three broad tasks that can be thought of as focusing on different stages of the offender's life: past, present, or future.

- One set of roles for forensic psychology has the objective of helping the offender to deal with pre-existing problems that may have been a direct cause of their unacceptable actions, such as an inability to manage their own aggression, or contributory factors to their criminality such as drug or alcohol addiction, or even some longer-term problem like mental illness or personality disorder.
- Another set of roles is a form of counselling to assist the offender to cope with his current circumstances, for example reducing the risk of suicide in prison or helping people to cope who have recently been given a life sentence.

- The most common role, however, sits under the broad heading of 'risk assessment and management'. That is, trying to determine what risks the individual poses to himself and others, and what the most appropriate way of managing those risks are. These assessments may relate to managing these individuals within a specific institution or determining the risk if they are to be allowed out into the community at large.

Given the broad remit of present-day psychology, there are also an increasing number of psychologists who are providing guidance to the penal organizations in which they work at a more strategic level, often helping to select or train staff or to set in motion various programmes of work with offenders. In all of this work, as with all the other settings in which forensic psychologists operate, they contribute more than a knowledge-base about criminals. Many of the institutions in which they work may have an ingrained set of attitudes and a culture that is fundamentally punitive, not informed by any sort of university-level education or scientific approach to solving problems. Forensic psychologists may therefore often be the one professional group that gives most emphasis to an evidence-base for their work. The strength of that evidence, however, may often be open to considerable discussion.

Assessment

Any attempt to work with offenders will start with some form of assessment. This is really a classical medical framework in which a diagnosis of the patient's problems are recorded as a basis for determining what the most appropriate form of treatment is. However, in a psychological context it will be rare these days to look for any specific cause of the offender's actions, such as a particular mental abnormality, or a specific experience of sexual abuse as a child, but rather to try and gain some broader understanding of all aspects of that individual and his life that are relevant. After all, there are plenty of people who suffer

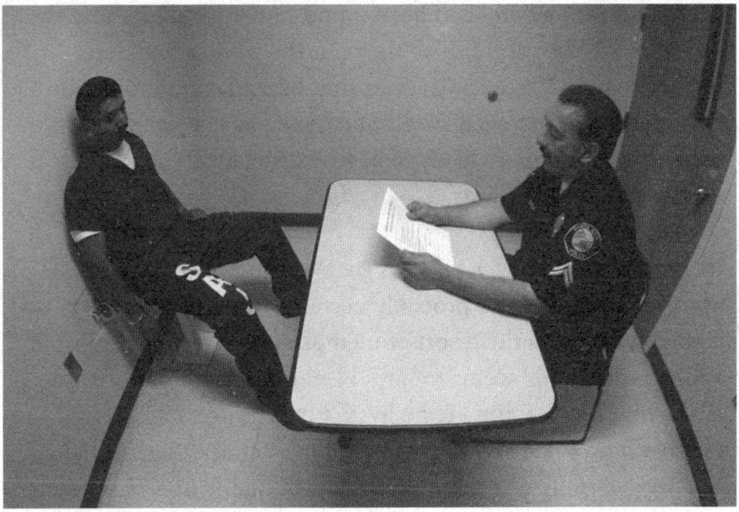

8. Working with an offender in prison

particular traumas who do not become offenders. It is therefore important to understand the full milieu out of which the offending has grown.

Extreme examples help to illustrate the complexity of the processes that need to be explored. Fred West was guilty of killing at least twenty young women over as many years before he was caught in 1994. He and his wife Rose sexually and physically abused these young women before killing them and burying them in the garden of their house and under their notorious patio. What would a forensic psychology assessment have revealed of Fred West if one had been carried out before he killed himself in prison?

The first and most obvious point was that he was virtually illiterate and probably learning disabled. Certainly the police assigned an 'appropriate adult' to be with him throughout their interviews because they feared he may not be able to fully understand the implications of what was happening to him within the legal process. Some indication of this may be found in his comments, when told that a body had been found under his patio, that the police should be careful how they put the paving back. His further request, once it was clear that he had committed murder, that he should now be allowed home may have been dark irony, but was perhaps more likely to be his lack of awareness of just how serious the situation was.

If the psychologist were able to get West to talk about his upbringing, she would probably become aware of how sexualized it was. West did write a sort of memoir before he killed himself and, although this seems to have been intended as a portrayal of the innocent, loving life he lived, he indicates, in passing, that his father had sex with West's daughter and that sexual activity generally was a prevalent part of family life. The crucial point is that West does not seem to recognize the destructive quality of all this, taking it much more for granted than most people would.

In addition to his acceptance of untrammelled sexual gratification quite early on, in his teens he raped a young woman but managed to avoid being convicted of this crime. The stage was thus set for a continuation of this predatory activity. His patterns of behaviour and attitudes were ingrained within a view of himself that was shaped in part by the way his parents and others in his family treated him. It is even possible that his only feeling of being at all significant came when he was sexually violent.

Even these precursors in parental role models, deep-seated attitudes, and a limited understanding of the consequences of his actions may not have turned him into a serial killer. It was when he got together with Rose, who had a background in crime and prostitution, that he was encouraged to take his depredations further. Together they created an environment that made sexual violence and murder a way of life.

9. An offender being assessed

Working with violent sex offenders

Clearly, Fred West would have been a challenge to any attempt to 'treat' his condition. But for a person who was less vulnerable and whose destructive life experiences had been less long-lasting and less intense, many prison psychologists would hope some programmes could be put in place that would at the very least reduce the risk of future offending. These programmes have in common the recognition that the causes of offending will vary from one person to another and will be multifaceted. The offender will therefore be helped to deal with a number of aspects of himself, his actions, and his lifestyle.

Typically, the programmes that help offenders develop a lifestyle that is more socially acceptable are built around group sessions in which various aspects of the conditions that give rise to the violence are explored. These will include role-playing as well as intense discussions. The purpose is to help the participants develop more empathy for their victims and more insight into their own attitudes. In addition, they are alerted to the conditions that give rise to their offending so that they can examine them and avoid them.

These interactions can last over many months and be very intensive, but there are many difficulties in delivering such programmes in prison. Not least of these difficulties is that prisons are strange institutions. It is rare for there to be any mixture of the sexes, and alcohol is banned. There is not the normal mix of general activities, with prisoners being locked in their cells from early evening until the following morning. How can you train, treat, or rehabilitate people to live normal existences in such an abnormal environment? Indeed, there may be aspects of prison life that are more likely to drag offenders into an increasing spiral of crime. It is often claimed, for instance, that illegal narcotics are more readily available in prison than outside. But there is also the simple fact that prisoners are mixing with convicted criminals all day. The social influence of these other offenders cannot be overestimated.

In addition, offenders are incarcerated because of profoundly entrenched ways of dealing with the world. They will usually have some strong self-justification for what they did, and a proportion will deny the crime ever happened, or that it happened the way it was presented to obtain a conviction. These denials and justifications can be tackled directly by psychologists in meetings with the offender, but if the offender refuses to accept the alternative interpretation of his actions then a quite different approach to treatment is needed. This may centre on helping the offender develop positive skills and become less vulnerable to being caught up in illegal situations.

One of the big risks is that offenders will feel coerced into participating without ever being openly antagonistic. There are plenty of accounts of this producing situations in which the psychologist has assumed that progress is being made, only to discover later that the offender has merely learned what it was necessary to say to complete the programme, without ever changing their attitudes or subsequent behaviour. Some studies show this clearly, with those psychopaths who were rated as having done very well in therapy being the ones most likely to offend in the future.

One attempt to get around some of these problems is to create what are known as 'therapeutic communities'. Convicted men have to apply to join these communities and demonstrate to the community their desire to really change. The whole institution runs on an intensive soul-searching basis so that there is no room for play-acting or hiding. Such communities are extremely expensive to run and also have to be highly selective in who they can work with, even though some studies suggest they may be more effective than any other form of intervention with serious offenders.

Such intensive interventions are typically kept alive and effective by a charismatic manager, being almost a form of focused cult. This can give rise to some bizarre establishments. One often-quoted example is of a community in the late 1980s that had eighty hours of therapy each week. This gave hardly any time for leisure or more directly beneficial training in skills. Apparently, it also included a fortnight in a self-contained chamber where food and drink was provided from pipes in the walls. Along the way, the inmates were made to use a variety of psychotropic drugs, such as LSD. People were expected to participate for two whole years and were not allowed out until they could show they had complied with what the 'treatment' was expected to achieve. Perhaps not surprisingly, people identified as psychopaths before they joined this community were actually more dangerous and disturbed after the therapy than before.

Alcoholics and other substance dependants

Perhaps more success has been achieved with treatment interventions for reducing dependency on alcohol and other drugs. This has the knock-on effect of reducing addicts' offending as well. The effectiveness of these interventions may be partially due to the focused nature of the behaviours that are to be changed. This allows a clear identification of the stages the participants need to go through if they are to reduce their drug dependence. Such programmes probably owe a lot to the initiative of Alcoholics Anonymous, which relies on a mixture of group support and acceptance of the challenges that are faced by addicts. The emphasis on the consequences for others of the addict's actions also helps to develop attitudes, beliefs, and understanding that can sustain the offender once outside prison.

Enhanced thinking skills

In contrast to the Alcoholics Anonymous view that the alcoholic cannot really get rid of his addiction but has to learn to manage it 'one day at a time', it is widely accepted in psychology that the way to change behaviour is first to change the way a person thinks about events, and then to set in motion actions that are derived from those changed thought patterns. This can only be done in gentle stages that have to be carefully worked out and wherever possible tuned to the particular individual. In a nutshell, this is what is called cognitive behavioural therapy (CBT). This underlies many of the intervention programmes for working with sex offenders and addicts, but also is relevant to broader problems that offenders have to deal with, such as the management of their anger.

A typical example of how this may be explored with an offender would be to take a possible, or actual, incident in their current prison experience that is potentially strongly emotional. In a group session or a one-to-one therapy session, the offender may be asked to consider a situation in which they go to the visitors' room at 3.00pm, expecting a visit from their partner, but after waiting 15 minutes she has still not arrived. The prisoner may report that his immediate thought is that she has dropped him for someone else, become angry about that, with associated feelings of nausea, and go back to the wing determined to give her a piece of his mind over the phone that evening.

It would be pointed out to him how unhelpful that is and that he has drifted into 'automatic thoughts' that generate feelings and actions that are very unproductive and potentially destructive. Alternatives would then be elicited, such as thinking that perhaps his partner had got stuck in traffic, which would have kept him in an optimistic mood, feeling more comfortable. In such a state, he could wait quietly, perhaps having a chat with prison staff about a recent football game. Then if she did turn up, he would be in a good state to be with her. If she did not, he would not have suffered and could still talk to her later about why, without that conversation being too harsh.

This approach to helping prisoners develop the ability to have more positive thoughts, and consequently more positive feelings and actions, has been developed into specific, organized programmes. There are a number of these which are evaluated and accredited in the UK so that they can be delivered in a standard, reliable format across the prison system. The most frequently run course deals with enhanced thinking skills (ETS). It runs over 22 hour-long sessions with associated 'out of session assignments' that are rather like homework. The course runs on a group basis and consists of a mixture of explanations of the basic psychological ideas behind CBT, explorations of the particular experiences of group members, development of social skills such as listening and asking for help, and a number of exercises that help participants to experience and act on what is discussed in the group.

Evaluating interventions

For such interventions to be regarded as scientific and supported by evidence, it is necessary to evaluate them. This is not as straightforward as it may seem. For a start, how do you measure the consequence of the interventions? If the programme deals with anger management or drug misuse, this needs to be assessed before and after. This is not easy when the activity can occur in many different settings or is illegal, but if the intention is to reduce consequent crime, that also needs to be monitored. The challenge to all programmes is that they may just make the offenders more able to avoid detection rather than to offend less. In some cases, an attempt is made to equate the cost to the community of actions before 'treatment' with the costs after. This looks neat when bureaucrats present the results to politicians in a bid to keep the funding for any project, but a moment's thought will reveal how difficult it is to put a cost on all the implications of criminal activity.

Nonetheless, despite these challenges, a number of studies report that for the drug-dependency programmes there is some evidence that they eventually help to reduce acquisitive crime to one-third or more of what it was before people participated. The more general enhanced thinking skills courses also produce statistically significant improvements in behaviour, typically reducing recidivism by about 20%.

The question, however, arises as to whether this change was some form of maturation that would have happened anyway. There are real practical and ethical problems in randomly assigning participants to 'treatment' and 'non-treatment' as would be done in a double-blind experimental, pharmaceutical trial, so comparisons have to be made with other groups that do not experience the interventions. In general, it is found that those who go through these carefully organized programmes do better when compared with those who do not, as well as the before/after differences, but this is all relative. Many offenders do not give up their drug habits and criminal lifestyles, but overall, fewer are involved in crime after these programmes and their drug habits tend to be milder.

Personality disorder

There is one set of behavioural problems on which such 'treatment' programmes may have little impact. This received international significance when in 1998, Michael Stone was convicted of brutally killing Dr Lin Russell and her six-year-old daughter, and of attempting to murder her other daughter, nine-year-old Josie, in broad daylight, for no apparent reason. It emerged that he had a history of violence, growing up in a dysfunctional family, being moved from one residential institution to another. He had spent time in prison and been assessed for mental illness because of his violence. His sister reported that prior to the murders, Stone had sought help for his fantasies of killing someone. But although he was receiving some treatment for his anxieties, it had not been possible for anyone to assign a medical diagnosis of any form of mental illness that would allow him to be hospitalized. Subsequent consideration of the circumstances surrounding the murders and Stone's own background pointed to his being a bomb about to explode, yet no one seemed able to do anything about it.

The problem of preventing Stone from doing further harm had two components. One is that he had not carried out any crime at that time for which he could be arrested. The second was that he could not be given a medical diagnosis that would allow him to be committed to a mental hospital or other secure setting. There are a number of people who fall into this no-man's-land between the law and psychiatry, who present very real potential for violence but for whom until recently there was no formal management procedure. This can include people due out of prison at the end of their sentence who are talking of harming themselves and/or others. Or men who have a long history abusing children and who are now applying to be moved to a more open hospital setting than the very secure units in which they are currently housed. Slightly different are men who are on remand, waiting for their court case to be heard, who admit to sexual excitement from violence and, say, high-speed dangerous driving.

All of these people are in contact with reality. They do not hallucinate, hearing voices or having visions, nor do they have delusions, believing they are God or the prime minister. They may not have extreme swings of mood from elation to depression. There may be little or no substance abuse in their background, but it is clear that, at the very least, they are strange people. They will typically find it very difficult to form deep, lasting relationships, lacking empathy for others, they will react emotionally in quite inappropriate ways and may be very impulsive. In their milder forms, any of these characteristics may be found in the 'average' person. They are thus regarded as reflecting a disorder of the personality rather than of the mind.

In the way of clinical diagnosis, ten different forms of personality disorder have been identified, running from the paranoid to the obsessive-compulsive. They cluster around eccentricity, emotionality, and anxiety. But the individuals who are of concern because of their potential for violence are those in the 'emotional' cluster, typically classified as having 'antisocial personality disorder', or the oddly labelled 'borderline personality disorder'.

This is an intriguing area of the diagnosis of mental disorder and one rife with controversy. Consider the official list of criteria for the diagnosis of antisocial personality disorder, derived from the Diagnostic and Statistical Manual of Mental Disorders (DSM-IV):

Shows a pervasive disregard for the rights of others, as indicated by at least three of:

Repeated illegal behaviour
Evidence of conduct disorder before the age of fifteen
Repeated lying or cheating for profit or pleasure
Impulsivity

Aggressiveness
Disregard for safety
Irresponsibility
Lack of remorse.

Surely this describes a typical, chronic criminal? What does it add to give the pattern of characteristics a label that sits within a Diagnostic and Statistical Manual of Mental Disorders, which also contains such diagnoses as schizophrenia and depression?

Many authorities would claim that all the label of personality disorder adds is a patina which implies some coherent set of characteristics that indicates the person is unusual and not mentally ill, but little else. For those trying to manage such potentially dangerous individuals, it offers the safety net of a 'diagnosis' to defend how these people are dealt with. Indeed, for some of the people so diagnosed it is a relief to be told they have a 'disorder' rather than just being nasty people. But the main pressure to use the personality disorder diagnosis comes from outside the medical profession. It is politicians who want to avoid the embarrassment of cases like the murder of Lin Russell and her daughter who warm to the idea that potential offenders could obtain a diagnosis that would allow them to be put in an institution. In the UK, a label of 'dangerous and severe personality disorder' has been created and special units set up that aim to work with people so diagnosed. The objective is to help them eventually move into more conventional, secure units and possibly even on from there back into the community.

The assumption that is the foundation of this approach is that it is possible to change the consequences of a disorder of a personality. The favoured method is to create intensive therapeutic communities. But letting people move on from such communities is a high-risk strategy. It only needs one 'graduate' to kill once he has been let out for the whole process to be brought into disrepute by public outrage. These communities are therefore more likely to operate as relatively benign prisons in which the inmates have indeterminate sentences. This is an extremely controversial approach because, sadly, there is a long history in many countries of people being institutionalized for what they *might* do rather than for what they have done.

Coping with prison

The objectives of imprisonment vary from country to country and from one time to another. Sometimes the view is that prisons are there to improve the behaviour of inmates. This aim is captured in the euphemistic US label for prisons as 'correctional facilities'. Sometimes they are seen as purely for punishment and as a way to deter offending. But what most people accept is that prisons should at least not make people any worse or any more of a risk to society. This latter aim is not so easy to achieve. Psychologists who work in prisons are therefore often concerned with what the debilitating effects might be on the inmates and how they may be mitigated. The attention is usually on the prisoners, but some would also suggest that the staff, who spend their working lives in these institutions, should also be considered.

Studies have demonstrated that there are a number of psychological changes in prisoners as a result of coping with prison life. These include:

- becoming reliant on the staff and others to make decisions for them;
- suspicion and distrust of others, with possibly neurotic alertness;
- developing a mask to hide their feelings which makes relating to others difficult;
- reduced belief in having any personal significance;
- re-activating childhood traumas that had similar consequences.

For people who have mental illness, or who are intellectually very limited and do not have external support from family or friends, these debilitating effects can be extreme. In some cases, especially when external factors, such as the breakdown of a relationship, intrude into the experience in prison, then the psychological challenges can be so great that prisoners commit suicide or self-harm.

As is their wont, forensic psychologists have developed scales that assess the risk of suicide or self-harm, drawing on what is known about the prisoner, his background, and current experiences. These assessments are used to guide management of the offenders and in some cases to provide support and counselling. But it is still the case that men in prison are about five times more likely to kill themselves than those outside, with about one a week killing themselves in UK prisons and a similar number in Californian and Texan prisons.

Assessing and managing risk

The prediction of various forms of risk, of harming oneself or of harming others, of future sexual offending or other forms of criminal activity, has become a major, and extremely challenging, task for forensic psychologists in many different settings. A number of risk-assessment tools have therefore been developed over the last quarter of a century. One of the most useful is a structured checklist used by a trained professional, such as the twenty-item Historical/Clinical/Risk management scale (HCR-20).

The HCR-20 combines what may be regarded as 'static', relatively unchanging, factors and more 'dynamic' factors that are potentially open to change. The static factors will tend to be historical, such as the offender's previous violence, employment problems, clear evidence of psychopathy, and substance abuse. The dynamic factors will be more directly psychological issues such as lack of insight, impulsivity, and unfeasible plans for the future. In addition, matters of social support and the way the individual has dealt with any forms of remedial intervention, as well as potential stressors, can all be taken into account.

The consequence of such assessments is interestingly revealed if we compare two different offenders. One is a married man in his mid-30s who has pleaded guilty to sexually abusing his teenage daughter since she was 4 years old. The other is a young man in his early 20s who was convicted of having sex with an underage boy whom he had just met in a local park.

According to some standard risk-assessment procedures, particularly the Static-99, the young man has a much higher risk of future offending than the married man. The reason is that being married, over 25, and offending within the family on a female are less predictive of future offences than are having had no cohabiting relationship, offending against a stranger and a male. This difference may come as some surprise, but it is based on studies using these assessment procedures and following up their predictive validity.

However, although such assessments have a strong logic to them, and studies show that they are broadly prognostic, they are far from being foolproof. One simple reason for this is that, although it may be possible to characterize an individual, it is much more difficult to characterize and predict the situations in which he will find himself. Also, for many people who must be assessed there may be little reliable background information. One general principle, though, is a simple one. The more recently a person has been violent in the past, the more likely he is to be violent in the near future. For these reasons, it does appear that, like weather forecasts, it is possible to predict what is likely to happen in the next 48 hours, or even 14 days, but much less feasible for longer timescales such as 48 months or 14 years.

Victimology

One point it is easy to miss in discussions of working with offenders is that many of them are also victims. Therefore the development of studies of victims has relevance both to offenders and those they offend against. Such studies are fraught with demands for careful presentation. They show that not all people are equally likely to become victims, but it is all too easy for this to appear to imply that victims carry some responsibility for the crimes they suffer. This is certainly not the intention of such studies.

What these studies explore is what makes people particularly vulnerable to becoming victims. This covers such matters as whether in acquisitive crime the property is in particularly high demand, or whether the person themselves can be seen as especially 'attractive' to a potential offender in a number of different ways. In addition, the proximity of possible criminals increases the risk of becoming a target. The person's actual physical or psychological vulnerability is a further issue. If they are very young, old, weak, or have learning disabilities, then under exposed conditions they may be more likely to suffer an offence. All of these issues have implications for how vulnerable people can be protected, whether they are offenders within prison or law-abiding citizens outside.

Conclusions: the problem of prison

The range of possible locations where offenders may be sent throws into high relief serious and challenging questions as to what are the purposes of prison and other ways of managing convicted men and women, and how successful the various strategies are in achieving their objectives. Different countries have different conceptualizations of what the purpose of prison is and the conditions under which it should be used as a way of dealing with offenders. Psychologists have been at the forefront of this debate in exploring the impact of prison and setting in motion an increasing range of interventions with offenders in and out of prison as attempts to change them.

Psychological and physical maturation with related adjustments, such as settling with a partner and having children and opportunities for acceptable legitimate careers, are the most likely lifestyle changes that lead to offenders stepping out of criminality. Some are taken off the list of offenders because they become so entrenched in criminality that their life is spent in prison. The cynical view may thus be that any attempt at rehabilitation is little more than a holding process whilst individuals grow old enough to accept the error of their ways or to lack the physical prowess or related psychological skills to carry out crimes, or avoid detection.

Although there are without doubt people who have benefited from being in prison, especially when that is associated with treatment programmes and other forms of education and training, there is a fundamental problem in using prison as a place for rehabilitation. It is so unlike any other setting in which a person may have to cope, with the possible exception of certain military or religious environments. Therefore the application of psychology has to cover both the support for staff as well as monitoring the environment, in order to ensure the prison runs smoothly ('keeping the wheels on' as a police officer friend of mine graphically described it). There will also be work in helping prisoners to deal with the demanding and strange environment in which they find themselves. No civilized society should allow prisoners to get so depressed that they kill themselves.

Various programmes and courses are finding currency in prisons as ways of helping prisoners to become worthy citizens. Most of the successful ones are based on some aspect of cognitive behavioural therapy. This requires the offender to change how he thinks about crucial matters, such as women or potential victims, as well as changing how he acts. The difficulty of such programmes is that they have to be assessed to some degree on the basis of what the offender says and of what he is subsequently arrested for. It is always possible that he will just learn the right things to say and how to avoid being caught.

When an offender has some distinct mental illness, the challenge of helping him may be regarded more as a form of treatment. In many countries, such people are incarcerated in institutions that are established as secure hospitals, even though their staff are likely to be members of a prison officers' union. Such institutions pose very particular challenges at both the organizational and personal levels.

A powerful aspect of such attempts at rehabilitation is the recognition that the offender is probably a victim too and may need help to deal with his own traumatic experiences. However, the processes for helping victims are most active with people who are not offenders and relate to a growing area that has been labelled 'victimology'. This examines whether there are aspects of people that make them more likely to become victims, as well as developing ways of helping victims handle their experiences.

In order to let people out of prison on parole, or more particularly from secure hospitals where their sentence may be indefinite until they are deemed safe to allow back into the community, a careful assessment has to be made of how dangerous the person is. Psychologists have attempted to develop systematic procedures to make such assessments, but they are fraught with difficulties.

Chapter 6
Working with law enforcement

It is often assumed that forensic psychology is an integrated part of police work, but in fact law enforcement is probably the most recent domain into which psychologists have ventured. You might expect that a study of the causes of criminality would play a significant part in preparation for being a police officer, and that understanding criminals more generally would be integrated into their training. The fact is that around the world police training has usually focused on the study of the law and police procedures. It is really only since the 1990s that psychology has begun to find its way into the work of law-enforcement agencies. This has probably been stimulated by the great interest in 'offender profiling' – the idea that the psychologist acts like a latter-day Sherlock Holmes, solving criminal mysteries with his profound insights into human nature. While such fiction is exciting, it exaggerates and distorts reality. It also draws on only a very limited aspect of what the police do and of the way in which psychologists contribute to their work, as we shall see in this chapter.

Investigative procedure

In a typical detective story, there is a small handful of possible suspects from amongst whom the investigators must chose.

Often, the possible villains are limited by the device of them all being in an isolated house, on a boat, a train, or in a small secluded community. Even when there is a much larger pool from which suspects can be drawn, the demands of a manageable storyline require that the police will find their way to the villain by a relatively direct set of stages. There may be leaps along the way, often produced by an interesting character within or outside the police. Today, this person is likely to be some sort of scientist or 'profiler'. Crime fiction rarely reveals the steady, painstaking, labour-intensive search through records and other sources of information that is typical of most major enquiries. Neither does crime fiction illustrate, as one detective mentioned to me with some feeling, the great amount of paperwork and form-filling that police officers have to do.

In real cases, when there is no obvious suspect, detectives have to go through a number of stages before they can bring the most likely person to court. They have to decide where to look for possible culprits and generate lists of possible offenders. For example, they may search police records for people who have committed similar crimes in the past, or they may review all known associates of any victim, or people who may have a reason for committing the crime. Then, they must winnow this list down to a manageable number for careful scrutiny. This might include checking whether any of the suspects were in prison at the time of the offence, known to be out of the country, or had died without this being in their records. The names on this distilled list then have to be put into some sort of order of priority so that very intensive examinations can be carried out on each possible suspect, determining if they had valid alibis or other evidence that they did not commit the crime.

All of these stages involve collecting information, making some sense of it, and acting on its implications. In other words, a cycle of stages that is repeated until the case is solved. The first stage is one in which information becomes available that a crime has, or

10. Photograph of a murder crime scene

may have been, committed. This information is often ambiguous. Even if a man is discovered standing over a dead body holding a gun, investigators still need to prove to the satisfaction of the courts that the man intentionally fired the gun to kill the victim. In other cases, there may be more complex and challenging interpretation of the facts.

These many aspects of an investigation – collecting the facts, making sense of them, and managing the actions that are needed to follow their implications – are open to assistance from psychologists. As they have moved into this broad array of activities, a new area of applied psychology has emerged which I called 'investigative psychology'. The label seems to have stuck, and an increasing number of police forces around the world have set up investigative psychology units, and it has become part of the syllabus of many university courses.

Improving the organization of information

Police investigations are built around information. This information may involve records of previous crimes or criminals, observations from surveillance, photographs of crime scenes, or interviews with victims, witnesses, or suspects. As scientists, psychologists are used to collecting information and sorting it out. There are therefore many ways in which they are helping investigators to be more effective in their data-collection procedures.

A simple example is that instead of a police officer going to a house following a burglary and making a note of anything he thinks important, he will be provided with a carefully developed checklist. Preparing such a checklist can benefit enormously from the century or so of expertise that psychologists have in questionnaire design. Only a few police forces have taken advantage of this, and there are as a consequence many such checklists in place that are cumbersome, ambiguous, and that do not have the reliability properties that would be expected of a recording instrument developed by psychologists. But the police are becoming aware of such challenges. One senior officer calculated that for his force, they had to employ one more person for every extra piece of information they collected. Therefore an efficient data-collection protocol is of direct financial benefit.

Improving interviewing

Central to police work are interviews with witnesses, victims, and suspects. Even the 'stop and search' procedure, or finding out what has happened in a traffic accident, requires the police officer to ask questions and record the answers. The interview is a fundamentally psychological process based on personal interactions, so there has been a great deal of research exploring how interviews can be improved in many different situations. This has given rise in England and Wales to standard police interview procedures which are rooted in a psychological analysis of what happens in an interview.

Two related processes are considered as at the heart of interviewing. One draws on the fact that, typically, what is happening in an investigative interview is that the interviewee is trying to remember what has happened. The other is the relationship between the interviewer and interviewee that allows an open and honest account to be given.

Remembering was one of the first psychological processes to be explored as psychology emerged from medicine and philosophy. These studies showed, as we noted earlier, that memory is not a passive fading of a trace, like a watercolour painting that has been kept in the sun, in which memories become ever vaguer over time. Rather, it is a reconstructive process that utilizes a mixture of experiences. It is essentially an active cognitive process. Therefore a procedure known as the 'cognitive interview' has gained currency to help improve witnesses' memory for events. It consists of a number of suggestions:

- create a feeling of mutual understanding;
- listen to what is being said in an active, attentive manner;
- allow the respondent to recall as freely as possible;
- make sure questions are open-ended, not allowing a simple yes/no answer;
- take time to make sense of responses, pausing if necessary;
- do not interrupt the flow of response;
- check the details of the account that is given;
- try to recreate the original context of the events being described.

Laboratory studies have shown that these procedures do give rise to a lot more information, but the extent to which that information is of real value to an investigation is more difficult to determine. These studies also tend to undervalue that second crucial aspect of an interview: the relationship between the interviewer and interviewee. In the clinical surroundings of a university experiment, there are not the same tensions and preconceptions that are present when a witness is seated in a police interview room. Establishing a supportive working relationship with the respondent and being able to nurse her along to reveal what she remembers is a social skill that police officers may be hard-pressed to develop.

When the interviewee is the suspect, matters become even more challenging. The cognitive interview assumes a willing respondent keen to remember as much as possible. This cannot be assumed for a suspect, although there will be occasions when he may genuinely need help remembering. Here the rapport with the interviewer may be crucial, but if the suspect is unwilling to cooperate the interview has to take a very different form.

Studies have explored which processes are most likely to encourage offenders to cooperate and, perhaps not unsurprisingly, indications are that it is how good the evidence is against them.

It is actually very rare for offenders to modify the account they give of events during the course of an interview. The frustration this causes the police is reflected in their desire to find ways of making offenders confess. In the USA, where the laws on what is allowable when interviewing a suspect are more relaxed than in the UK, strategies of cheating and coercing suspects are proposed. However, the risks of them producing false confessions so outweigh any possible probative value that their use has to be very carefully evaluated.

Eyewitness testimony

This challenge to the utility of what is reported by witnesses becomes especially important when an eyewitness is identifying a perpetrator. Such evidence can be very influential, especially in front of a jury. Yet, a number of studies over the last two decades has shown that eyewitness testimony can be flawed, even when eyewitnesses are very confident in their identification. It has been shown that beyond the more obvious limitations on the trustworthiness of eyewitness testimony, relating for example to how good the lighting was and how long they spent in the presence of the culprit, there are also aspects of the event itself that can distort the memory.

The most widely reported distortions come from what is called 'weapon focus'. This is the idea that if a weapon, such as a gun or knife, is involved, then a victim or witness will be almost mesmerized by having their attention drawn to the weapon and thus will not have noticed the features of the offender so readily. The trauma of the event can also have more general effects which may heighten a person's awareness of what was going on, and thus improve their memory, or focus their attention in ways that make identification difficult.

The details of the way in which identifications take place lend themselves to neat, laboratory-based studies. These do show

11. A police line-up

that witnesses can be unconsciously nudged into selecting the person whom those overseeing the procedure, such as in an identity parade, believe is the offender. Witnesses can also feel the pressure to make some sort of choice even if they are unsure, which can also lead to miscarriages of justice. These effects can be quite subtle, as in recent research showing that children were more likely to select someone in an identity parade if the person running the process was wearing a uniform than if he was not. Suggestions have therefore emerged about how eyewitness identifications should be conducted, for example that the person running the identification process should not know who the suspect actually is.

The fact that most of the research on interviewing and eyewitness testimony has used laboratory-based studies has over recent years led to debates about how much of what the studies reveal really can be applied to actual police investigations. The artificiality of the experiments has raised questions about their value in assisting enquiries. The problem is that, with the pressures of day-to-day policing, it is extremely difficult to set up many of the recommended procedures, whether it be cognitive interviews or special ways of running identity parades. Also, whilst it may be possible to control what happens with suspects and witnesses when they are in a police station, it is much more difficult to manage how they are dealt with outside of those confines, such as in the police car on the way to the police station.

Vulnerable witnesses

Some witnesses, or victims, may be regarded as particularly vulnerable to the pressures of the interview process. These can include children, people with learning disabilities, and the frail or elderly. Their understanding of the legal process they are part of, of the questions they are being asked, or of the events they are reporting may not be as great as would be expected of most adults. Vulnerable witnesses may also be more susceptible to influence from authority figures. There is also evidence that their memory for events is not likely to be as good as for the population in general.

A number of procedures have therefore been proposed for ensuring that these witnesses are not unduly influenced by the investigative or legal context. These include enhanced versions of the cognitive interview, and other specific guidelines on how the interview should be conducted. In court, the use of closed-circuit television is sometimes used with children so that they are not too overawed by the judicial process.

Detecting deception

Where the interviewee has reasons for not telling the truth or cooperating with the investigation, especially if he is the culprit, there is a need to detect deceit. This turns out to be much more difficult than is often appreciated, although techniques that rely on measuring the person's physiological response (lie detectors) have limited success in some circumstances. The challenge resides

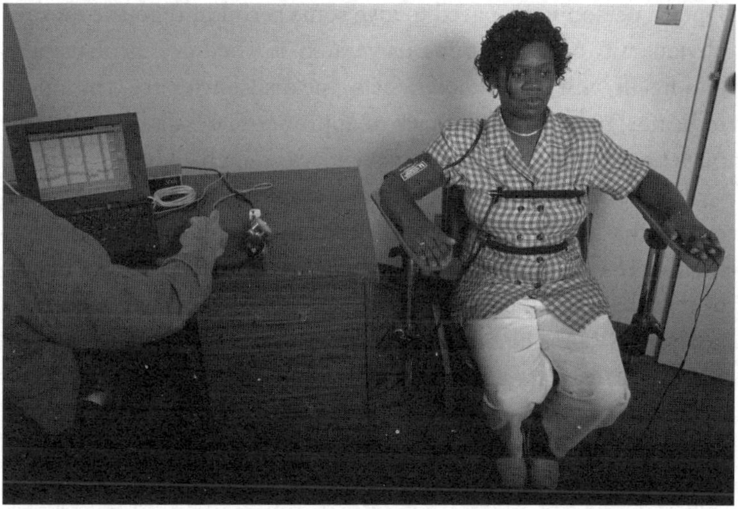

12. A polygraph (lie detector) in use

in the need we all have from time to time not to tell the truth and therefore our general ability to be reasonably convincing liars. To take this a stage further, if a person believes what he is saying is the truth, then how he says it may not differ at all from when he gives a genuine account. In other words, lying is not some rare and strange behaviour that will inevitably have tell-tale signs associated with it.

There are nonetheless certain demands made on a person if he is to perpetuate a lie, and an understanding of these can be of value in detecting deception. The most obvious pressure on not telling the truth is that a lie has to be some form of invention. It requires an act of imagination. This is why experienced liars will build their fabrication on something that has actually happened, or they will avoid giving much information at all. The avoidance of telling the truth may therefore be one of the main indicators of deception; in other words, an unwillingness to answer or elaborate on the facts.

Once a person is prepared to give some account, then the most obvious way of determining its veracity is whether it is plausible and fits in with other known facts. Inconsistencies are a useful indicator, together with a lack of appropriate detail. Checklists have been prepared that are particularly valuable for examining written statements, helping to draw attention to the sorts of valid details that might be expected. These are used in some countries, notably Germany, especially for examining children's accounts of sexual abuse. The most frequently cited is statement validity analysis (SVA), which draws on criteria-based content analysis (CBCA). This makes use of 13 main criteria:

- logical consistency
- unstructured production
- quantity of detail
- contextual embedding
- description of interactions
- reproduction of conversation
- unexpected complications
- unusual details
- superfluous details
- attribution of respondent's mental state
- spontaneous corrections
- admitting lack of memory
- raising doubts

Emotional pressure when lying

The invention involved in lying, its 'cognitive load', as well as the implications of being caught out, can cause an emotional reaction in liars. It is this emotional response that more objective procedures for lie detection attempt to pick up. Some of the procedures claim to be able to use non-verbal cues such as fidgeting and speaking more slowly, but the problem here is that you have to know what is normal for that person. If he is normally fidgety and speaks slowly, then he may actually speak more rapidly when he is focusing on getting away with a lie.

Rather more success has been found with direct measures of emotional activation (known technically as 'arousal'). The best known of these, referred to as a 'lie detector', or 'polygraph', measures the respondent's arousal level on a number of indices at the same time, such as heart rate, breathing rate, and amount of sweating indicated in a galvanic skin response. These were originally a set of pens drawing the levels on a sheet of paper, which is why it was called a 'poly-graph'.

The process consists of asking a set of questions and then determining whether there is any obvious emotional response to some and not others. The most useful set of questions, known as the 'guilty knowledge test', consists of neutral questions, such as what the day of the week is, combined with questions that relate to things that only the person who was guilty would know, such as features of the crime scene. Studies show that such procedures can certainly help to support the case that the respondent is innocent, but are far less useful when indicating he may be guilty. In other words, not many innocent people appear guilty, but plenty of people who appear guilty are actually innocent. Intriguingly, one of the reported powers of the technique is that suspects who believe in its utility may often admit to their crimes as part of the polygraph process.

Other forms of questioning and techniques that claim to assess stress in acoustics of the voice (voice stress analysis) are also widely used, but with far less scientific evidence for their validity. Recently claims have also been made for procedures that make direct measures of brain activity, sometimes rather inaccurately called 'brain fingerprinting'. As with all the other procedures, their weaknesses founder on two issues. One is whether an effective and convincing rapport can be established between the interviewer and the respondent. The other is the way in which general levels of arousal caused by the interview process can mask genuine innocence. A further difficulty is that the focus on the response from the equipment may distract the interviewer from listening carefully to the account and so identifying confusions and inconsistencies in it.

Experiments may be set up in which the tester can use some physiological measure to reliably determine if subjects are telling the truth about which of a set of playing cards they are holding. This may be trumpeted by commercial companies selling the equipment to indicate its foolproof nature. But such 'lying' is far removed from a suspect indicating exactly what he was doing on the night of a murder.

Interviewing or interrogation?

Many police officers, and the public at large, sometimes think that the purpose for interviewing a suspect is to obtain a confession, or some crucial information, such as the names of associates. The term 'interrogation' is used with the implication of this objective. As a result, a mythology has grown up around the idea that psychologists can help interrogators, in popular parlance, 'to get a cough'. However, the great majority of psychologists consider this inappropriate, unethical, and probably foolhardy. One extreme indication of this has been an attempt within the American Psychological Association to have those psychologists who may have overseen the torture of detainees in Guantanamo Bay disqualified from practising.

So, although there have been proposals from ex-FBI agents and others on how to carry out an interview to obtain a confession, in general psychologists believe these are counter-productive. They can give rise to misleading information and generally sail too close to legal unacceptability to be worth the risk. Furthermore, as has been noted, the best way to obtain truthful information is to build up an appropriate relationship with the suspect and make it clear to him what the evidence is against him. If the evidence is not available, it may be better to put extra effort into obtaining it rather than relying on a coercive interview.

It is also the case that various attempts at using 'truth drugs', such as sodium amytal or sodium pentothal, suffer from the same problems as other coercive techniques. The interviewee may talk more, but can unknowingly mix fact and fantasy. Most jurisdictions regard their use as unacceptable and a form of torture.

The use of hypnosis as part of an enhanced interview technique does not suffer from the same problems as coercive forms of interrogation, and has been used successfully with witnesses. However, there is certainly no guarantee that what the subject reveals in an hypnotic state is the truth, or that it will be uninfluenced by the hypnotist. For this reason, there are strict guidelines in many countries on how forensic hypnosis should be carried out, and an appropriate reluctance to use it except in very special circumstances.

False allegations

False confessions are mentioned in Chapter 4, on courtroom psychology, but the converse of this, false allegations, are also a real challenge to police investigations. This may involve, for example, children alleging they were sexually abused, or older victims who falsely claim they were assaulted. With children, the issue can be explored using statement validity analysis, but this procedure may be less valid than many would wish.

Particularly contentious are allegations that emerge during the course of therapy and which are presented as memories that are recovered, as explained earlier. But there are many other cases, especially with allegations of rape and sexual harassment, in which it is extremely difficult to determine whether the claim is false. The difficulties come from social attitudes that have been buffeted by the appalling way in which victims of sexual assault were often dealt with in the past. This has led to a pendulum-swing in which it may be regarded as politically incorrect even to suggest that an allegation of rape could be false. However, there is some evidence that as many as one in three allegations of rape may not be valid, but without a great deal of sensitive scientific research, this is difficult to determine with any confidence. It relates, though, to the very small proportion of initial reports of rape that end in convictions.

Effective inferences and offender profiling

A second stage in the investigation process is making inferences on the basis of the information collected. These are suggestions as to where it would be fruitful to look for further information and what sorts of people or data may be most productive in solving the case. When the crime has been carried out in a manner that does not leave many direct clues, that is, when there is little forensic evidence that can be used like a twine that can be tugged to haul in the culprit, then detectives have to make some imaginative leaps to identify the offender. It is in these situations that the much-vaunted 'offender profile' often appears in fictional accounts of crimes.

In the 1980s, the label 'offender profiling' was given to the process of deriving hypotheses, from how a crime was carried out, about the sort of person who committed the crime. The most direct way of thinking about this process is that it is an attempt to take some of the explanations for why people commit crimes and in a sense run them backwards. So at its most elementary, if we think that brain damage leads someone to be violent and we are looking at a violent crime, then we might assume that the offender is someone who is brain-damaged. This example, though, reveals immediately difficulties in using many explanations for crime as a basis for making inferences about the offenders, as discussed in Chapter 2. There are plenty of people who have brain damage who do not commit crimes and plenty of violent people who have no obvious brain damage.

Nonetheless, 'profiling' quickly became part of the stock of fiction writers, stimulating public fascination with its application to actual cases. By the mid-1990s, journalists would ask of any major police enquiry 'have you brought in a profiler?' Yet, as was mentioned in Chapter 1, the idea that a psychologist can solve a crime by getting into the mind of the criminal is far from reality.

So although the application of psychology to the world of crime has hit the headlines most thoroughly in the idea of 'profiling' serial killers to help the police catch them, this owes more to fiction than to fact. It is not often appreciated that the profilers portrayed in fiction are just contemporary versions of all those imaginary detectives that were inspired by Sherlock Holmes. To make the fiction entertaining, it is essential that these often wayward 'profilers' are portrayed as gifted individuals, whose surprising insights make a crucial, integrated contribution to police investigations, solving the crimes. Yet, the fiction ignores the fact that police investigations are complex unfolding processes that go through many stages. It is rare that knowledge of the character or personality of an unknown offender contributes very much to the solving of a crime.

One of the cases that is much cited as an early illustration of the mastery of offender profiling reveals rather well the fact that it is usually less exciting than is often portrayed. Over 16 years until 1951, homemade bombs were left in public places in New York. The bomber sent letters to newspapers which made clear that he was seeking revenge for 'dastardly acts' committed against him by the Consolidated Edison Company. Unable to locate the person who became known as the 'Mad Bomber', the police sought the help of Dr James Brussel, a New York psychiatrist. He claimed that 'by studying a man's deed, I have deduced what kind of man he might be', so presaging 'offender profiling'.

Brussel gave a detailed account of the likely offender, which included a description of his physique and education and such intriguing details as that he had never progressed past the Oedipal stage of love for his mother, as well as the often-quoted comment that the Mad Bomber would be wearing a buttoned, double-breasted suit when caught. When George Metesky was eventually convicted of the bombings, it was revealed that much of Brussel's description was accurate, down to the fastened, double-breasted suit. Metesky's Oedipal fixation was not really open to test.

Brussel's apparently remarkable predictions were soon heralded as the start of offender profiling and caught the public imagination for what it now seemed a new generation of psychiatric detectives could do. However, on close examination, Brussel's profile does not appear to have contributed to the police investigation and the identification of Metesky at all. The most useful thing that the New York psychiatrist did was to encourage the police to make public the bombings and letters, which they had tried to keep secret. These newspaper reports in their turn led a clerk at Con Edison to look carefully through the files for any employees who had made threats as part of their compensation claims. Metesky's file contained letters that included very similar wording to that in the Mad Bomber's missives.

The fastened, double-breasted suit is also a less impressive prediction when it is realized that most men wore double-breasted suits in those days, and such suits are rarely worn unbuttoned. With hindsight, we can see that the value of Brussel's contribution lay in the guidance he gave to the police about how to open up their investigation, not in his speculations about the bomber's Oedipal problems.

It therefore has to be appreciated that making these profiling inferences about the perpetrator from the information available at the crime scene, or from witnesses or victims, is even more difficult than getting reliable information in the first place. However, since Brussel's first offering, more soundly based processes have emerged, from FBI agents' attempts at generating such 'profiles' on the basis of their personal experiences and insights. A developing science is evolving at the core of investigative psychology which is showing how such inferences can be reliably made. Studies of solved cases are showing that there are recognizable consistencies between what an offender may do when carrying out an arson attack, or a rape of a stranger, or even a burglary, and other aspects of his life that could lead the police to him.

Despite the thrill such 'profiles' can give to fiction, the reality is that the guidance derived from inferences about offenders' characteristics is often rather mundane and relate most usefully to practical suggestions of how the investigation should proceed. This can include what sorts of criminal records should be searched to generate a list of possible offenders, aspects of the skills and social background likely to characterize the offender – which may be useful to the police in searching through possible suspects elicited from other sources, such as house-to-house enquiries, and suggestions about the mental state of the offender and the possibilities of some psychiatric record. Considerations may further be given to how a suspect may best be interviewed on the basis of inferences made from the criminal events.

The essence of producing guidance for detectives is working out the implications of what actually happened in the crime. The central argument is what I call the 'consistency principle'. The actions in a crime will be generally consistent with how the offender acts in non-criminal situations, even though they may be more extreme when part of a crime. A number of pointers have emerged as being useful to consider. They can be couched as five main questions:

1) What does the crime indicate about the intelligence and knowledge of the offender?
2) What does it suggest about his degree of planning or impulsivity?

3) How does the criminal interact with the explicit or implicit victim?
4) What do his actions indicate about the degree of familiarity with the situation or circumstances of the crime?
5) What particular skills does the offender have?

Interestingly, these questions draw attention to aspects of the crime that are usually ignored when considering the general causes of crime. Even within therapeutic settings, working with offenders, the actual details of crimes are not often explored, but rather general personality characteristics of the offender are the focus. If the crime is considered, it may be only through the offender's account of it rather than working with the sort of detailed, objective information the police have.

The psychological autopsy

One rather unusual activity of making inferences about a person occurs when the cause of death is equivocal. This can happen if there is some doubt as to whether a person committed suicide, suffered an accident, or was murdered. In such cases, an attempt may be made to establish the characteristics of the deceased in order to throw light on what happened. It is not the body of the person on which the autopsy is conducted, but his psychology. This can be derived from documents such as letters, diaries, blogs, or emails the deceased has left behind and interviews with all who knew him.

This is not an easy task, especially if suicide is an issue, because the people closely associated with the dead person may feel some guilt if he killed himself and so be keen to establish some untoward circumstance. If a murder enquiry is in progress, there may also be legal hurdles put in the way of interviewing all the people who have some knowledge of the dead person. The prosecution and defence are likely to have access to different sets of witnesses, who may hold opposing views.

One important example of the confusions that can surround inferences about a dead person is the examination of the explosion in the gun turret on the US Navy battleship *USS Ohio* in 1989 which killed 47 of the turret's crewmen. FBI agents carried out what they called an 'equivocal death analysis' of the incident and those in the turret room. This concluded that one of the crew members, Clayton Hartwig, had exploded the gun in an act of suicide. Subsequently, the American Psychological Association set up a special working party to review what the FBI had done and related evidence. They were critical of the FBI report and did not all support the view that Hartig had committed suicide. A further detailed technical examination of the gun concluded that there had been an accidental overram of the gun, which caused it to explode. Subsequent enquiries challenged this conclusion, which shows just how complex the examination of equivocal deaths can be.

Geographical profiling

One particularly useful development within investigative psychology has emerged from the combination of psychological and geographical ways of analysing crime information. This is known as 'geographical offender profiling' (GOP). It is helpful to distinguish the 'decision-support systems' that are central to GOP from 'expert systems'. In the 1990s, there was a fond belief that computers would soon be able to think like people and could be programmed to act as experts that would make decisions instead of the human counterparts they were replacing. This science fiction fantasy was much fuelled by computer engineers, who obtained large research grants to pursue this Holy Grail. Rather quickly it became clear, as many psychologists had predicted, that, except in very special cases, it was not really possible to replicate the thought processes, knowledge, and experience of human experts.

Somewhat more modest – but still extremely useful – computer systems started to surface in the wake of that discovery. These are systems that help the expert to make a more informed decision and are typically known as decision-support systems. Their task is to tidy up the information available and analyse some aspects of it. This helps an expert to see the patterns within that information and draw upon his or her experience and training to make sense of those patterns. Many of us experience the consequences of such systems whenever we are required to give information to check the use of our credit card. The computer system may have picked up that you wish to spend an amount of money that is unusually large for you, or that you are buying something, or purchasing in a location, that is very different from your normal activity. This alerts various people to explore you and your purchase more closely, which is when you are asked questions about your mother's maiden name or your favourite book.

The example of credit card checking is an interesting illustration of a decision-support system because it is based on the idea that people's habits are reasonably consistent. It is therefore well within the capabilities of modern computers to calculate what is the typical range of values, locations, and/or types of purchase for any given person, then to set up alerts if a purchase steps outside those limits. In some countries, notably the USA, these ideas have been taken a step further by the tax-collecting authorities. They have formulae which enable them to calculate what a typical tax return would be for a person in any particular employment. If the return presented is noticeably different from what the formula suggests, then that person's accounts will be very closely scrutinized.

GOP systems work on similar principles to the other decision-support systems mentioned. They are most used when an offender commits a number of crimes, the assumption being that just as we may tend to use a particular range of shops in a given area, so an offender will tend to limit his crimes to a given locality. Of course, not all offenders do this, just as we do not always shop in the same places. But the remarkable finding is that enough offenders are sufficiently consistent in the locations in

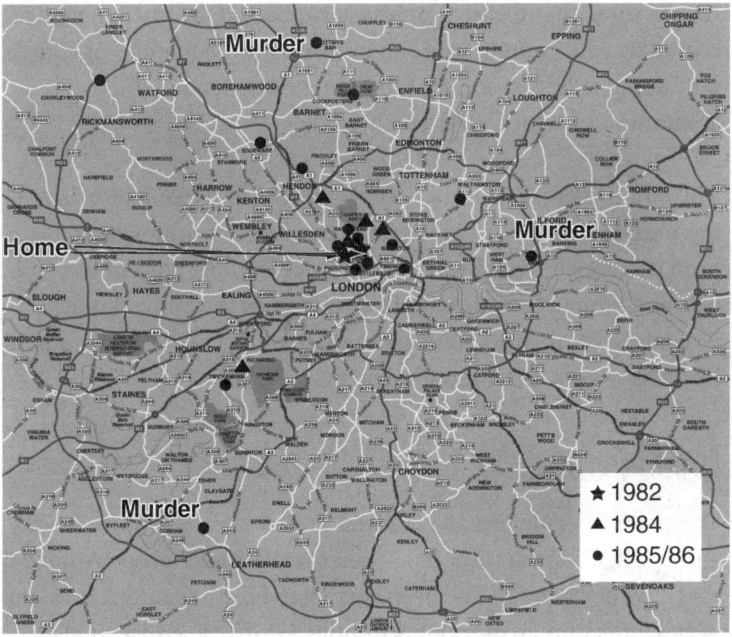

13. A map of the locations of a crime series with the location of the offender's home indicated

which they chose to offend for this to be a useful starting point for trying to work out where the offender lives.

The system moves this basic idea on a couple of steps. Firstly, it is assumed that the further an offender is from home, the less likely he is to commit a crime. Secondly, if the *opportunities* for crimes are relatively evenly distributed around his home, then the crimes themselves are liable to be distributed around his home. The consequence of these two assumptions is that if a series of crimes is known to have been carried out by the same offender, then he is likely to be living within the area those crimes surround. A widely quoted 'circle hypothesis' is drawn to summarize this idea. If a circle is drawn with the diameter being formed by a line joining the two crimes furthest from each other, then the home is likely to be within this circle, probably towards its centre. Remarkably, results show that this hypothesis is supported for the majority of criminals who commit more than five crimes; although of course that does mean that for a large number of offenders these assumptions are not valid at all.

The circle hypothesis is a relatively simple development of the initial assumption. More sophisticated algorithms have been developed that use probability calculations built into decision-support mapping software such as the aptly named Dragnet system. Such software is increasingly being drawn upon by police forces around the world.

Linking crimes

The more information available on an offender, the more readily an investigation can proceed. Therefore, if it can be determined that a set of crimes has all been carried out by the same person, this 'series' offers up greater opportunities for investigators. It also can make the prosecution more powerful through 'similar fact evidence'. If a jury thinks the series of offences is the work of one person, especially in matters that turn on the issue of consent, as in rape, then they are more likely to convict.

Not all crimes can be linked so readily, by witnesses' descriptions, fingerprints, fibres, DNA, or the like. So attempts are made to link them by behavioural means. This is most feasible if there are some behaviours that are very unusual, such as in one case of a series of rapes where the offender gagged the victim by putting his hand forcefully into her mouth. But that does require some knowledge of what the prevalence of various behaviours are in the types of crimes being linked. A subtle set of statistical calculations can therefore be necessary.

Intriguingly, though, with many crimes, their locations are a good indicator of whether they may be the acts of the same person. This is especially true of very rare crimes like the rape of a stranger, but it can also be the case with more common crimes like burglary.

Serial and spree killers, and mass murderers

There is no single pathway along which all offenders travel to become criminals. Furthermore, any one category of offence – such as murder, robbery, or fraud – will also have many variants. Each of these can have quite different precursors. Therefore, any guidance to the police based on assumptions about the characteristics of the offenders has to be derived from aspects that distinguish between crimes. To clarify, I am often asked for the 'profile of a serial killer', but although these vicious, disturbing killers are very rare indeed, they vary considerably. There is no one 'profile' that fits all. That is true for all offenders. We need to consider the details of the crime very carefully in order to try and determine what characterizes any particular offender.

In relation to serial killers, a distinction needs to be drawn between those men (I can think of no women) who kill a number of people in one spree and others who will kill a number of individuals at different points in time. The Columbine School shooters are one widely known example of spree killers, but sadly there continue to be many others who will, typically, shoot a number of people in one outburst. These spree killers almost inevitably end up dead, shot by others during the course of their outrage or shooting themselves at the end of their outburst. Their actions are therefore best thought of as a violent, extravagant form of suicide. They have a lot in common with other people who kill themselves. They feel isolated and often are overtly depressed, but they also rage against others whom they blame for their low self-esteem and who they believe have caused them harm. They want to make a statement and get others to notice. Usually, these 'others' are some generalized group or institution like a school or a fast-food franchise, a company or a community. These killers have much in common with suicide bombers, even though those individuals clothe their anger in ideological rhetoric.

People (typically men, but sometimes women) who kill others over a period of time, with what is often referred to as a 'cooling-off' period between each murder, are a much more varied mix of individuals. Once they have killed three people with some interval between the killings, most experts are willing to call them 'serial killers'. However, under this umbrella term are many different kinds of vicious people. It can include those who are referred to as 'killing for profit'. Many of the best-known examples of this lived in Victorian times and earlier. Perhaps the most gruesome were Burke and Hare who killed people so that they could sell their bodies to the burgeoning schools of anatomy. As I write, a woman in Iran known as Mahin stands accused of killing a number of people who innocently took lifts in her car. She stole their possessions to sell on in order to pay off her debts. As in so many other similar cases, it has to be said that one of the causes of these serial killings is that the murderers find they can get away with their crimes over and over again. As is sometimes said, one of the causes of serial killing is an incompetent police force.

Nevertheless, it is not only cold, calculating killers who, from time to time, seem able to avoid capture over months, and sometimes years. Many ruthless killers seem to be driven by anger or what may even appear to them to be a 'mission'. They typically choose vulnerable victims, such as sex workers who ply their trade on the streets, or people living in shanty towns who are not readily missed. Fred West picked on young women on their own, away from home, whose families had little knowledge of their whereabouts. A very few of these serial killers are mentally disturbed, mutilating the bodies of their victims, finding some bizarre gratification in treating these people as objects. Others are strongly sexually motivated; they rape and abuse the people they entrap and then kill them to avoid detection.

One other group of people are mass murderers. They are even more diverse than serial killers, killing a number of people, not in a violent spree, or over a period of time like serial killers, but as part of some greater atrocity. This would cover various forms of genocide and war crimes. Some authorities would even include the mass suicide in Jonestown in Guyana in 1978, in which 918 people died under the direction of the cult leader Jim Jones. Such considerations, though, take us into state violence and open up moral and legal questions far beyond forensic psychology. But one aspect of this is worthy of some attention here – terrorism.

The challenge of terrorism

Since the attack on the Twin Towers and Pentagon on 11 September 2001, there has been a tremendous increase in interest in terrorism. Central to this is an attempt to make sense of how people can so callously kill others in the name of some abstract ideology. Such outrages have always been with us, from the fight against Roman domination of Judea by Zealots in the 1st century, through to the assassins in the 13th century who were a breakaway faction of Shia Islam, and on to the Fenians in the 19th century who challenged British rule in Ireland, and the terrorist group at the start of the 20th century who contributed to the start of the Great War by murdering Archduke Franz Ferdinand.

Over a hundred years ago, anarchists such as Mikhail Bakunin articulated the concept that underlies most terrorist acts in writing of 'the propaganda of the deed'. This encapsulated the mission of many groups who seek to have an impact on public opinion, and consequently the stability of governments, through attacks on people or buildings that they see as being of political or ideological significance.

Therefore, although it is tempting to classify terrorists with other criminals or search for mental disorder in their backgrounds, the salutary conclusion that must be drawn from many studies is that they are often indistinguishable from other law-abiding citizens, except for their missionary zeal. A high proportion of them are more highly educated than the populous from whom they are drawn. The origin of their commitment to a violent cause therefore has to be found in their associates and experiences.

In drawing attention to the social and cultural context of violence against strangers, we are also alerted to the role that social processes play in all offending activity. There is a temptation for psychologists to see the roots of criminality in the make-up of the person, but the social and cultural origins of crimes should never be ignored. As discussed in Chapter 2, every offence has some explicit or implicit social interaction. These interactions are shaped by the interpersonal context in which the criminal grows and develops. No offence can ever be entirely explained by the characteristics of the individual criminal.

Expanding horizons

Once law-enforcement agencies became aware of the power of scientific psychology, they started to draw on its insights for many areas of their activity. There have been studies as varied as the examination of why people travel over the speed limit in their cars, or what gives rise to police corruption. Those involved in hostage negotiation, or talking to those who are threatening to kill themselves, now expect to have some background introduction at least to major issues in forensic psychology and the psychology of persuasion. Police officers working undercover may be given psychological help when they need to surface back into the law-abiding community.

Particularly important, also, has been a change in attitudes towards, and management of, the trauma that police officers may suffer as part of their work. In the past, there would be a bar in the police headquarters, and traumatized police officers would be expected to be 'manly' and not talk about what they had suffered but drown it in drink. No wonder, then, that so many marriages were ruined and these men were broken people by the time they retired. Nowadays, many law-enforcement agencies will expect to have a confidential counselling service that is freely available to everyone they employ. This is recognition, to quote the Gilbert and Sullivan song, that the policeman's lot is often not a happy one.

There are great pressures involved in most investigations, and much of police activity does itself merge into counselling or other forms of psychological support or intervention. Hostage and barricade incidents are a particular example where a police officer who does not understand the psychological issues involved can make a difficult situation worse. Crowd control or dealing with traffic accidents are other potentially stressful situations. The pressures on the police can also come from contact with criminals, especially in the context of undercover operations. Therefore an understanding of these pressures can help to prevent police corruption.

Most of these contributions draw on organizational and social psychology. They have much in common with the issues faced in most organizations, but especially those that have to deal with distress and the suffering of others. The selection of people who will be able to withstand the pressures of the job and effective ways of managing people under stressful conditions are consequently increasingly influenced by what psychologists have learned in many other settings. Sadly, though, it is still rare for police officers or those in many other law-enforcement agencies to have the basic grounding in psychology to be able to make really effective use of all that the discipline has to offer them.

Conclusions

Psychologists are contributing to all stages of the investigative process, including the important stages before the investigation, in helping to select police officers. They are helping to set up effective systems for collecting and making sense of all the information needed during an inquiry. This includes detailed consideration of the crucial processes of interviewing witnesses, victims, or suspects.

Clues are usually thought of as strands of twine that if carefully followed will eventually lead to the culprit. They may be as varied as a footprint left at the scene of the crime, or a particular way of breaking into a house, or even something that did not happen, as in fictional cases where dogs do not bark, thus indicating they probably knew the intruder. But what has caught the public imagination for the last quarter of a century has been the possibility that something rather more intangible, like the style of an offence, could act as a clue. Such clues would not only lead to the identity of the culprit but could reveal something of his or her personality. This became known as 'offender profiling'.

In practice, the contributions from psychology to inferences about an offender, from details of the crime, have been far less dramatic than fictional accounts indicate. Nonetheless, the utility of these psychological inputs has been great enough to open the way to the new area of investigative psychology. This covers ways of improving the quality of testimony, including approaches to the detection of deception, methods of managing police data, linking crimes to a common offender, as well as a broad range of inputs to the management of police enquiries. Offender profiling is a part of all this, but as time goes on it takes an ever less prominent role.

Chapter 7
Always the bridesmaid?

One intriguing aspect of forensic psychology emerges from the canter (pun intended) through the field covered in previous chapters. Forensic psychologists tend to be advisers in territories that are defined as being the domain of one or more other professions. They may be helping detectives carrying out investigations, giving guidance to lawyers on how to prepare a case for court, or offering opinions to judges and juries. They may be working in prisons or with probation officers, in special hospitals for mentally ill offenders overseen by a psychiatrist, or involved in various community projects led by social workers, psychiatric nurses, or civil servants. It is as if their role is nearly always a supportive one, like that of a bridesmaid seldom in the central position of the bride.

This situation will probably not be the dominant one for much longer because the exploding interest in forensic psychology is drawing ever more capable people into this area. Around the world, it is the most rapidly developing area of professional psychology. This has an interesting consequence: there are more and more well-qualified people applying for employment in forensic psychology. Selection processes will tend to choose the most able, so the effectiveness of the people in these jobs is growing all the time. As happened in areas of professional psychology that emerged in earlier decades, notably in the organizational, educational, and clinical domains, positions that started off merely as assessors who were adjunct to the main players soon took on managerial and other leadership roles. In these new roles, the impact of a scientific psychology, with its standardized tests and experimental methods, developing theories and objective procedures, was able to demonstrate its power.

The crucial foundation of all this is a tradition of careful research. It is probably in this more academic arena that forensic psychologists are starting to lead the way. To do this, they have had to shake off the shackles of a strongly clinical tradition. For an older generation, this has been difficult, but younger researchers do not see themselves as footnotes to clinical psychology and are ready and able to draw on the full range of the psychological and behavioural sciences.

The increasing professionalization of forensic psychology is also giving more power to its elbow. A quarter of a century ago, anyone with some background in psychology could drift into a forensic context and offer up guidance. The term 'forensic psychologist' itself, however, tended to be limited to people who had a clinical psychology background, working with patients who had found their way to them through the courts. These traditions still exist in some places, but in English-speaking countries there has been a strong growth in the establishment of distinct professional divisions for forensic psychologists.

This is illustrated in the UK by the term 'chartered forensic psychologist' being controlled by law. In order to be allowed to use this title, you must first obtain a degree in psychology that is recognized by the British Psychological Society. Then a specific, accredited, twelve-months' Master's programme must be completed. Finally, you must work for two years in practice, supervised by a person who already has chartered status. This is a minimum of a six-year training period, equivalent to most other professions.

Unfinished business

Against this exponential growth of forensic psychology has to be set the large number of topics that are still hardly touched upon but to which the discipline can without doubt contribute. Such topics can be found in each of the settings we have explored in previous chapters.

In relation to courts, there is a growing involvement of psychologists in civil proceedings. This can be dealing with disputed documents or challenges to the sanity of people who have written contested wills. Some of this overlaps with the work of linguists, but in other cases, especially in the family courts, the assessment of the individuals in dispute can benefit considerably from psychological input, but the scientific basis for the psychologists' activities still needs much development.

Work with offenders is growing apace as prison psychologists become an ever more integrated and respected part of custodial systems. A burgeoning area of forensic psychology is helping offenders whose sentences do not include imprisonment, or once they emerge from these institutions. However, as we have noted is often the case, the psychologist's role is still often merely supportive, limiting their potential influence.

The new area of investigative psychology is probably the one with the greatest number of new questions waiting for detailed study. To pick just a few, these include:

- Why do people give false alibis to support people they know are criminal?
- What is the process by which offenders are willing to make false appeals, asking for help in finding a missing loved one, whom they have killed?
- What is the most effective way to manage angry crowds?
- What psychological pathways lead people into terrorism?

14. Murder can have a shattering impact on the whole community, as these memorials to the victims of Mark Dutroux testify

Forensic psychology is broadening its range and grasp at a rate that some people may consider alarming. Initially, most psychology of crime dealt with extreme crime of a highly emotional nature that related to obvious mental problems. But now what are known as 'volume crimes', such as burglary and theft, are coming into the remit of psychologists. The potential here is enormous, given that only around one out of every ten of such crimes are solved.

The criminal courts were also the dominant domain of psychological experts, but increasingly they are finding their way into family courts and a widening range of civil proceedings. Some experts in the USA are even providing evidence in support of claims of negligence by large companies, such as those managing shopping malls. These claims are brought by victims of crime who seek redress on the grounds that the shopping mall facilitated certain sorts of criminal acts.

Crime does not stand still. It has an almost ecological capability of evolving to fill any niche that provides an opportunity. Therefore, new technologies and globalization are generating new forms of crime such as cybercrime and international terrorism. One important question is whether this is drawing different sorts of people into crime or are those who would be criminal anyway just changing how they offend? These crimes provide a profound challenge for developed nations and therefore are areas in which psychologists are attempting to make some contribution.

Policy implications

Unlike many areas of psychology, forensic psychology almost inevitably carries policy, ethical, and legal implications. Yet at present the voices of psychologists are not listened to with much interest in the ancient corridors of power, such as parliaments and high courts of justice. This may be in part because the scientific discipline in which psychologists are schooled tends to underplay the importance of values and the societal implications of their 'discoveries'.

One illustration of how fraught such considerations can be is the general utilization of 'profiles' of potential offenders in stop and search or airport security checks. The simple statistics will demonstrate that if people of type X are examined more frequently than people of type Y, then a higher proportion of X people will be found guilty in some way. This thereby increases the belief that the profile of type X is useful for such checks, and a vicious cycle is set in motion. Psychologists should be aware of these issues. They are in a position to be open in explaining them and helping to set up procedures that will militate against the destructive effects that can be caused by the self-fulfilling prophecy and the naïve use of such predictive techniques.

At the even more general level, psychologists have been relatively quiet about the processes that will help to reduce crime. They have concentrated on assisting in catching and convicting people, or providing ways of helping them once convicted, but there needs to be more psychological discussion of whether crime prevention is solely a social, economic, or political matter.

Further reading

New general textbooks on forensic psychology seem to emerge every few months. Therefore to get a more detailed, up-to-date overview of this rapidly developing field, it is best to seek out the most recent books. However, at the time of writing, the following can be recommended:

C. R. Bartol and A. M. Bartol, *Introduction to Forensic Psychology: Research and Application* (London: Sage, 2008)

D. Canter and D. Youngs, *Investigative Psychology: Offender Profiling and the Analysis of Criminal Action* (Chichester: Wiley, 2009)

D. A. Crighton and G. J. Towl, *Psychology in Prisons*, 2nd edn. (Oxford: BPS Blackwell, 2008)

D. Howitt, *Introduction to Forensic and Criminal Psychology* (London: Prenice Hall, 2009)

M. T. Huss, *Forensic Psychology: Research, Clinical Practice, and Applications* (Chichester: Wiley-Blackwell, 2009)

D. A. Kraus and J. D. Lieberman (eds.), *Psychological Expertise in Court* (Farnham: Ashgate, 2009)

J. D. Lieberman and D. A. Kraus (eds.), *Jury Psychology: Social Aspects of the Trial Process* (Farnham: Ashgate, 2009)

A. Vrij, *Detecting Lies and Deceit: Pitfalls and Opportunities* (Chichester: Wiley, 2008)

Useful websites

http://www.bps.org.uk/dfp/. This is the site for the Forensic Psychology division of the British Psychological Society, particularly useful for career information.

http://www.all-about-forensic-psychology.com. A site that covers an exhaustive amount of information.

http://www.ia-ip.org. The International Academy of Investigative Psychology site.

http://www.davidcanter.com. If you want to know more about the author of this book.

Glossary

actus reus: that a criminal act has occurred (literally, 'guilty act')

adversarial court system: frequently referred to as 'accusatorial', a court system in which each side presents a case (prosecution and defence) before a court

algorithm: a mathematical procedure that follows a specific sequence

antisocial personality disorder: a mental illness that is listed in the DSM that is characterized by antisocial behaviour

automatism: a criminal defence that claims a defendant's actions are automatic or involuntary

civil cases: cases that are concerned with private rights, as disputes between two individuals

clinical psychology: a branch of psychology focusing on the assessment and treatment of mental disorders and cognitive and behavioural problems

criteria-based content analysis (CBCA): method of analysing statements in terms of indices that are believed to reflect truthfulness

DNA: deoxyribonucleic acid – the material inside the nucleus of cells that carries genetic information that is unique to each individual

expert evidence: contribution made by a person employed to give evidence on a subject who by training, knowledge, and experience is qualified to express a professional opinion

false confession: any confession or admission to a criminal act that the confessor did not commit

guilty knowledge test (GKT): a method of detecting guilt or innocence in which suspects are asked to respond to questions for which only a guilty person is expected to know the correct alternative answer. The guilty subject should experience more physiological arousal to the correct alternative compared to the others, while an innocent suspect will react similarly to all alternatives

instrumental violence: violence committed with a purpose, or in a planned or organized manner

jurisdiction: the authority of a court in any particular location

mens rea: there is criminal intent/responsibility (literally, 'guilty mind')

post-traumatic stress disorder: an anxiety disorder precipitated by a traumatic event that leads to symptoms involving re-experiencing the event, avoidance of event-related stimuli, and increased arousal

projective test: a personality test that involves the presentation of ambiguous stimuli

psychopathy: a clinical term to describe deficits in interpersonal and emotional functioning

recidivism: repeat criminal behaviour, normally defined by an additional criminal conviction

reliability: a statistical term related to the consistency and stability of measurement

risk assessment: procedures for estimating the likelihood of future offending by an individual

risk management: procedures to contain or reduce the likelihood of recurrence of harmful behaviour

sentence: the penalty imposed on an individual found guilty of an offence in a court of law

statement validity analysis (SVA): a method of assessing the veracity of witness statements by considering specific details of what is reported

structured professional judgement: a form of assessment in which the assessor uses a structured risk-assessment tool

suggestibility: the degree to which an individual may be unduly influenced by forms of questioning or the power of the questioner

syndrome evidence: evidence that refers to a set of symptoms occurring together in a meaningful manner

trauma: a powerful, disturbing experience that may have long-lasting effects

ultimate issue testimony: expert testimony in which the expert gives a conclusion that answers the question that is presently before the court

validity: the extent to which a measurement measures what it claims to measure

voice stress analysis: a technique that claims to detect lying by measuring variations in the physical properties of sounds made when speaking

weapon focus: paying attention to a threat from a weapon to the detriment of noting the appearance of the offender

“牛津通识读本”已出书目

古典哲学的趣味
人生的意义
文学理论入门
大众经济学
历史之源
设计，无处不在
生活中的心理学
政治的历史与边界
哲学的思与惑
资本主义
美国总统制
海德格尔
我们时代的伦理学
卡夫卡是谁
考古学的过去与未来
天文学简史
社会学的意识
康德
尼采
亚里士多德的世界
西方艺术新论
全球化面面观
简明逻辑学
法哲学：价值与事实
政治哲学与幸福根基
选择理论
后殖民主义与世界格局

福柯
缤纷的语言学
达达和超现实主义
佛学概论
维特根斯坦与哲学
科学哲学
印度哲学祛魅
克尔凯郭尔
科学革命
广告
数学
叔本华
笛卡尔
基督教神学
犹太人与犹太教
现代日本
罗兰·巴特
马基雅维里
全球经济史
进化
性存在
量子理论
牛顿新传
国际移民
哈贝马斯
医学伦理
黑格尔

地球
记忆
法律
中国文学
托克维尔
休谟
分子
法国大革命
民族主义
科幻作品
罗素
美国政党与选举
美国最高法院
纪录片
大萧条与罗斯福新政
领导力
无神论
罗马共和国
美国国会
民主
英格兰文学
现代主义
网络
自闭症
德里达
浪漫主义
批判理论

德国文学
戏剧
腐败
医事法
癌症
植物
法语文学
微观经济学
湖泊
拜占庭
司法心理学

儿童心理学
时装
现代拉丁美洲文学
卢梭
隐私
电影音乐
抑郁症
传染病
希腊化时代
知识

电影
俄罗斯文学
古典文学
大数据
洛克
幸福
免疫系统
银行学
景观设计学
神圣罗马帝国